NÃO CRIE
SEU FILHO
PARA
O MUNDO

NÃO CRIE SEU FILHO PARA O MUNDO

um guia prático de criação de filhos segundo os planos de Deus

MÁRCIA & DARRELL MARINHO

© 2023 por Márcia & Darrell Marinho

1ª edição: abril de 2023
1ª reimpressão: junho de 2023

Revisão
Nilda Nunes (edição)
Francine Torres (provas)

Diagramação
Sonia Peticov

Capa
Julio Carvalho

Editor
Aldo Menezes

Coordenador de produção
Mauro Terrengui

Impressão e acabamento
Imprensa da Fé

As opiniões, as interpretações e os conceitos emitidos nesta obra são de responsabilidade dos autores e não refletem necessariamente o ponto de vista da Hagnos.

Todos os direitos desta edição reservados à
Editora Hagnos Ltda.
Rua Geraldo Flausino Gomes, 42, conj. 41
CEP 04575-060 — São Paulo, SP
Tel.: (11) 5990-3308

E-mail: hagnos@hagnos.com.br
Home page: www.hagnos.com.br

Editora associada à:

Dados Internacionais de Catalogação na Publicação (CIP)
Angélica Ilacqua CRB-8/7057

Marinho, Darrell
  Não crie seu filho para o mundo: um guia prático de criação de filhos segundo os planos de Deus / Darrell Marinho, Márcia Marinho. — São Paulo: Hagnos, 2023.

  ISBN 978-85-7742-402-3

  1. Vida cristã
  2. Parentalidade
  I. Título
  II. Marinho, Márcia

23-1125 CDD 248.2

Índices para catálogo sistemático:
1. Vida cristã

Aos nossos netos, bisnetos e tataranetos que irão colher o legado do que estamos plantando hoje aqui na Terra.

Sumário

Introdução 9
Como tirar o maior benefício deste livro 19

1. A construção de um legado digno 23
2. Um legado exemplar 39
3. A arte de criar filhos 52
4. Novos hábitos, novos resultados 69
5. Como me comunico com eles? 85
6. O poder da conexão 102
7. Disciplina é bom e Deus gosta 122
8. Educação demais não dói 143
9. Campo minado 166
10. Construindo um legado em meio às armadilhas 177
11. Sem Deus é impossível 200

Conclusão: Um novo destino 217
Ato profético 229
Referências 231
Sobre os autores 235

Introdução

Sejam muito bem-vindos à jornada mais empolgante da vida: criar filhos para Deus. Desejamos e oramos que este livro os inspire e os supra de recursos necessários para trilharem essa caminhada com persistência e fidelidade. Também esperamos que, corajosamente, confiem que, no Senhor, vocês têm à disposição tudo de que necessitam para serem bem-sucedidos na empreitada de criar filhos para Deus e que estejam aptos a influenciar e abençoar até mil gerações. Então, apertem os cintos, pois a viagem vai começar.

"Leve-me a seu líder." Esse é título de um artigo escrito por Álvaro Oppermann na revista *Super Interessante*. No subtítulo "Os elefantes rebeldes", ela relata que em 1992, o parque Nacional Pilanesberg, na África do Sul, apresentou constantes ataques de elefantes que matavam rinocerontes. O detalhe é que esses ataques, antes incomuns, passaram a ser recorrentes e protagonizados por elefantes machos adolescentes (com idade entre 12 e 20 anos), que só atacavam rinocerontes fêmeas chegando a estuprá-las. Dezenas de casas e plantações também começaram a ser destruídas. Aldeões foram mortos, esmagados ou pisoteados pelos animais, e muitos camponeses tiveram de evacuar suas casas, aterrorizados, por conta desses jovens elefantes.

A questão é que, durante centenas de anos, elefantes, rinocerontes e seres humanos conviveram nessa região sem qualquer intercorrência violenta ou ataque brutal. O que pode ter mudado? E o que isso tem a ver com o que iremos aprender nesse livro para construção do legado?

Ao estudar a respeito das razões daqueles ataques, que iam contra os hábitos dos elefantes, a pesquisadora da Universidade do Oregon, nos EUA, Gay Bradshaw, descobriu que a causa da violência desses mamíferos foi a destruição de seu ecossistema clássico. Filhotes de fêmeas sem parceiro e sem líderes cresceram sem a noção do que é disciplina e respeito, e com isso tornaram-se rebeldes.[1]

Bingo! É exatamente essa a questão relacionada aos jovens dos nossos dias. A falta de uma referência paterna, de alguém que os conduza na vida, os deixa sem rumo, perdidos, sem direção, fazendo com que se percam do propósito para o qual foram criados.

Estudos descobriram que o abate de elefantes mais velhos e maiores ocorreram devido à caça, por conta do marfim. Quanto maior o marfim, mais valioso é o elefante; por isso, o número desses animais diminuiu a ponto de desaparecerem da região.

Buscando reparar a perda, elefantes de outras regiões foram levados para aquele local, e como os elefantes machos adultos eram muito pesados, a opção foi levar apenas bebês e elefantes jovens.

Esses bebês cresceram sem referência de liderança e proteção, faltou-lhes quem lhes impusesse limites e regras e, consequentemente, perderam-se de seu destino.

Depois de diagnosticado o problema ocorrido no parque Nacional Pilanesberg, os responsáveis pela instituição resolveram introduzir seis grandes elefantes machos, e observaram se haveria alguma mudança. Em poucas horas, os elefantes adolescentes passaram a controlar seu instinto violento. Olhando para os mais velhos e tendo neles a figura de autoridade que lhes faltava, os jovens elefantes começaram a ter uma conduta equilibrada, pautada por limites e melhoraram o comportamento social dos mais jovens. A matança teve fim e o fluxo natural do instinto dos elefantes jovens voltou ao normal.

A BÚSSOLA QUEBRADA

Um dos maiores desafios da sociedade atual é a falta de uma referência adequada, um norte e guia moral. Se olharmos para os jovens e as crianças, o desafio é ainda maior e mais difícil.

No passado, a humanidade era caracterizada por sempre deixar um mundo melhor para a próxima geração. Vimos isso acontecer ao longo dos séculos, com grandes avanços no legado que uma geração deixava para a seguinte. Contudo, pela primeira vez na história, talvez tenhamos uma geração que deixará para a próxima geração um legado pior do que o que recebeu da que a antecedeu. Valores distorcidos, meio ambiente seriamente comprometido, doenças emocionais cada vez mais comuns e em número crescente, relativização de crimes e princípios, endividamento familiar, relações familiares frágeis e posições políticas conturbadas compõem o cenário que está sendo construído hoje e que será deixado para a próxima geração.

Se o exemplo a respeito dos elefantes parecer distante para você, saiba que pesquisas[2] comprovam que 92% dos jovens ligados ao mundo da criminalidade não tiveram um pai presente em sua vida. A falta da figura paterna exerce influência muito maior para que um adolescente ou jovem entre para o mundo do crime do que sua condição social. Se uma criança cresceu sem a presença do pai, ela tem 279% mais propensão a se tornar usuário/viciado em drogas ilícitas; tem sete vezes mais chances de engravidar durante a adolescência; e dez vezes mais chances de sofrer algum tipo de abuso durante a infância[3].

A Bíblia diz: "Se alguém não cuida de seus parentes, e especialmente dos de sua própria família, negou a fé e é pior que um descrente" (1Timóteo 5:8; NVI). Possivelmente você conheça bem esse versículo. No entanto, é cada vez maior o número de filhos que crescem sem os cuidados e a referência dos pais. Os motivos são os mais diversos e passam pelo abandono físico, financeiro e emocional. E, claro, esse abandono deixará graves sequelas nos filhos e maculará o legado que estamos construindo para a geração seguinte.

Há um chamado para que pais e mães não prescindam de suas funções e assumam seus respectivos papéis, não entregando seus filhos ao mundo, mas preparando-os para fazer diferença no mundo, de forma que isso gere frutos abençoadores nas próximas gerações.

UM DEUS GERACIONAL

Deus quer converter o coração dos pais aos filhos (Malaquias 4:6), e este livro apresenta-se como a ferramenta para mudar o destino da sua família. É um tributo à volta do papel verdadeiro de pai e mãe para cumprimento da missão que receberam de Deus para realizar neste mundo. Construiremos uma jornada que poderá, sim, proporcionar um futuro diferente para seus filhos e, mais do que isso, poderá deixar neles um legado que abençoará até mil gerações.

Há um velho ditado que afirma que criamos nossos filhos para o mundo. Essa afirmação não poderia estar mais longe da verdade da Palavra de Deus. É uma mentira que Satanás deseja colocar em nós goela abaixo, mas que será eliminada ao longo desta leitura.

Enquanto lê e absorve este conteúdo, página a página, trecho a trecho, você aprenderá que *não criamos nossos filhos para o mundo. Ao contrário, temos uma missão bem diferente que nos foi dada por Deus: criar nossos filhos para Deus e para a glória dele, para fazer a diferença neste mundo!*

Estar conscientes dessa verdade muda tudo, pois deixamos de ter apenas o compromisso de sustentar nossos filhos até que completem dezoito anos, fazer com que ingressem em uma boa faculdade, constituam família e pronto; missão cumprida. Essa é uma mentira em que já acreditamos no passado, mas que, agora, sabemos não ser verdade nem ser o plano de Deus para nós e para nossos filhos.

Deus tem um compromisso geracional. Isso envolve responsabilidade, tem a ver com deixar um legado digno de ser seguido pela geração que nos suceder. O salmista registrou em seus escritos a incumbência que temos, como discípulos de Cristo, de discipular a próxima geração: "O que ouvimos e aprendemos, o que nos contaram nossos pais, não o encobriremos a seus [nossos] filhos; contaremos à vindoura geração os louvores do SENHOR, e o seu poder, e as maravilhas que fez" (Salmos 78:3,4; ARA). Na mesma linha, Deuteronômio 6:4-9 traz a seguinte ordem:

> [...] ouve, Israel, o Senhor, nosso Deus, é o único Senhor. Amarás, pois, o Senhor, teu Deus, de todo o teu coração, de toda a tua alma e de toda a tua força. Estas palavras que, hoje, te ordeno estarão no teu coração; tu as inculcarás a teus filhos, e delas falarás assentado em tua casa, e andando pelo caminho, e ao deitar-te, e ao levantar-te. Também as atarás como sinal na tua mão, e te serão por frontal entre os olhos. E as escreverás nos umbrais de tua casa e nas tuas portas (ARA).

Se você prestar atenção, notará que todas as ações de Deus têm em vista as gerações, não um indivíduo apenas. Deuteronômio 7:9 diz: "Saibam, portanto, que o Senhor, o seu Deus, é Deus; ele é o Deus fiel, que mantém a aliança e a bondade por mil *gerações* daqueles que o amam e guardam os seus mandamentos". Em Gênesis 17:7, vemos que Deus declara: "Estabelecerei a minha aliança como aliança eterna entre mim e você e os seus futuros *descendentes*, para ser o seu Deus e o Deus dos seus *descendentes*" e, em 1Crônicas 16:15, a Bíblia afirma que o Senhor "para sempre se lembra da sua aliança, da palavra que ordenou para mil *gerações*" (NVI).

Quando Deus convida Abrão a sair de sua tenda (veja Gênesis 15:5), sair do lugar comum, aquele lugar fechado, de onde ele não via possibilidades, e pede que o patriarca olhe para o céu e para as estrelas, está ensinando a Abrão que, olhando para o alto, será capaz de ver as infinitas possibilidades que existem.

Algo semelhante ocorre conosco. Talvez você tenha começado a ler este livro e está preso em uma tenda escura, desprovido de vida, brilho, cor e possibilidades, tanto para si quanto para aqueles a quem ama; não enxerga um facho sequer de luz para sua família. Mas Deus o trouxe aqui simplesmente para lhe mostrar que há, sim, um céu de possibilidades à sua espera, e a leitura deste livro irá o abrir esse céu bem diante de você e de sua família, entregando-lhes infinitas possibilidades de receberem a mesma bênção que Abraão recebeu naquela noite memorável. Que assim seja!

A Bíblia conta que o Senhor disse a Abraão: "Olhe para o céu e conte as estrelas, se é que pode contá-las", e prosseguiu: "Assim será a sua descendência" (Gênesis 15:5). Na sequência, no versículo 6, a narrativa continua, o texto afirma que "Abrão creu no Senhor, e isso lhe foi creditado como justiça".

Abraão creu contra a esperança (Romanos 4:16-22). É esse o tipo de fé que você precisa ter. Se você tiver a fé que Abraão teve, certamente receberá a promessa geracional que lhe foi prometida. A fé de Abraão:

1. Estava no objeto certo.
2. Não se apoiava no que estava diante dos olhos; não confiava em recursos humanos.
3. Estava disposta a sacrificar.
4. Estava disposta a obedecer.

Esses são os motivos de ele ser conhecido como pai da fé; deixou um legado digno de ser seguido, e até hoje seguimos o que ele deixou. É essa fé que queremos estimular neste livro.

Observe algo maravilhoso na história de Abraão: Deus prometeu abençoar não somente Abraão, mas também a família do patriarca. A bênção prometida beneficiará Abraão e alcançará toda a sua descendência, e, a partir disso, "[...] serão benditas todas as famílias da terra" (Gênesis 12:3). O que Deus está dizendo é: "Abraão, minha bênção não pode ser contida; o que eu estou fazendo em sua família não ficará estagnado nela nem terá nela o seu fim; ao contrário, transbordará para todas as famílias da terra".

É isso que cremos que irá acontecer em sua casa, depois de você concluir a leitura desse livro e colocar em prática o que aprender. E a bênção da mudança que virá sobre a sua família alcançará também até mil gerações.

A TAREFA MAIS DIFÍCIL DA VIDA

Ser pai ou mãe é o único trabalho com turno de 24 horas ininterruptas de plantão. Não há folga, remuneração financeira, férias nem sequer é possível pensar em pedir demissão ou cogitar direito a aviso prévio. Um dia você ingressa nessa função (talvez até por acidente e/ou envolvendo uma gestação não planejada por você e seu cônjuge/parceiro), e ela não termina nunca. Depois de um tempo você acaba entendendo que o "trabalho de parto", na verdade, dura a vida inteira.

Dizem que ser pai e mãe é "literalmente padecer no paraíso". A afirmação tem um fundo de verdade. Ainda que essa seja a tarefa mais difícil que alguém enfrentará na vida, os pais sabem que é também a mais recompensadora; nela enfrentaremos nossos maiores desafios, mas teremos também nossas maiores alegrias.

A questão é que, para podermos dirigir um carro ou pilotar uma moto precisamos ter a carteira de habilitação, e para isso fazemos um curso. Para alguém atuar como advogado é necessário, além dos cinco anos de estudo, estar registrado na Ordem dos Advogados do Brasil (a OAB), e para isso passam por uma prova que verificará se estão aptos ao exercício profissional. Para tornar-se um piloto de avião devidamente habilitado, além de horas de teoria e prática, o indivíduo precisa tirar um brevê, nome que se dá ao diploma conferido a quem conclui um curso de aviação. E para criar um filho?

Sim, a maioria dos pais nem sequer leem um livro, a fim de se prepararem, minimamente que seja, para o exercício da paternidade/maternidade.

Incoerente, não é? Criar filhos é o maior desafio da vida, mas, apesar disso, é a tarefa para a qual as pessoas menos se preparam. Não deveria ser assim.

Entretanto, nem tudo está perdido!

Mesmo que você já tenha filhos, ainda há esperança! Por quê? Porque, agora, você tem em mãos este livro, e através dele terá acesso a muitos recursos para planejar, construir e corrigir a rota no exercício da paternidade; e isso abençoará gerações.

OS PRIMEIROS PASSOS

O grande desafio no dia a dia é antecipar-se aos conflitos, preparar--se antes que eles aconteçam ou, se acontecerem, para que não nos dominem. É necessário aprendermos a ceder, apoiar e entender, reconhecendo que, assim como acontece conosco, acontece também com nossos filhos: eles também erram e vão errar. E já que somos todos falhos, começaremos essa jornada abrindo mão, definitivamente, da pretensão de sermos perfeitos. Nada de cobranças ou pressão para sermos pais ideais, pois aqui só queremos ser pais em conformidade com o propósito de Deus. Não os melhores pais do mundo, mas os melhores pais do mundo dos nossos filhos.

Nesta obra, trazemos um pouco das experiências que vivemos — em nossa casa, ministrando para famílias em nossa igreja — e aquelas vivenciadas pelas famílias que acompanhamos em congressos e seminários realizados presencialmente no Brasil ou nas redes sociais.

Não somos um casal perfeito. Perfeitos são apenas os princípios bíblicos nos quais iremos nos basear; mas quanto aos exemplos e modelos que iremos usar, pode acontecer de nem todos serem compatíveis com a realidade de 100% dos leitores. Por isso, abrace e coloque em prática aquilo que se adequar à sua realidade e deixe o restante de lado, e continue a leitura, pois, na próxima página, você pode encontrar aquilo que Deus reservou para sua vida, de forma personalizada.

Ressaltamos ainda que todo o conteúdo deste livro está baseado em princípios bíblicos. Entendemos que existem, sim, novos modelos familiares, e os respeitamos; mas nesta obra estamos considerando o modelo bíblico de família, que está explícito em Gênesis 2:24, e segue os critérios de funcionamento que o apóstolo Paulo desenvolve quando escreve sua carta endereçada aos efésios, chamando mulheres à submissão respeitosa (Efésios 5:22), homens à liderança amorosa (Efésios 5:23), crianças à obediência honrosa (Efésios 6:2) e pais à educação cuidadosa dos filhos (Efésios 6:4).

A COISA MAIS IMPORTANTE DO MUNDO

Sempre que encontramos alguém em crise — seja por estar à beira de um divórcio, por haver sido vítima de adultério, por descobrir que um filho está perdido nas drogas ou envolvido em qualquer outra situação que o coloca em risco e também a sua família —, ouvimos a seguinte declaração: "Eu daria tudo para recuperar/salvar minha família".

Talvez você já tenha ouvido alguém dizer isso. Talvez você mesmo já tenha dito isso. A grande questão é que não precisamos perder, para darmos tudo. É perfeitamente possível que, em nosso dia a dia, separemos um tempo a nos dedicar ao melhor cuidado desse presente tão especial que Deus nos deu: a nossa família.

A ideia deste livro nasceu em 2018. Quando começamos a escrever, fomos motivados primeiramente por uma necessidade nossa: precisávamos aprender mais a respeito de como gerar vida em nossa família. Temos três filhos, cada um em uma faixa etária diferente, enfrentando problemas próprios de sua respectiva idade e precisávamos aprender a ajudá-los, de forma a extrair o que cada um tinha de melhor. E, para isso, tivemos de nos dedicar, aprender, estudar, crescer no conhecimento da Palavra de Deus e adquirir outros ensinos que nos auxiliassem nessa jornada. E nada aconteceria se não priorizássemos o que realmente era — e ainda é — o mais importante para nós: a nossa família.

No best-seller *Uma vida com propósitos*, o pastor Rick Warren afirma:

> A importância das coisas pode ser medida pelo tempo que estamos dispostos a investir. Quanto maior o tempo dedicado a alguma coisa, mais você demonstra a importância e o valor que ela tem pra você. Se você quiser conhecer as prioridades de uma pessoa, observe a forma como ela utiliza o tempo.[4]

Passamos diversos dias e noites orando por essa causa e escrevendo esse livro. Temos um relacionamento de 30 anos, 27 deles casados, criando três filhos e estudando diariamente a respeito do casamento e da família. Nosso ministério já impactou mais de 10 milhões de pessoas ao redor do mundo, pelas redes sociais, e, mesmo assim, ainda encontramos dificuldades para aplicar todas as técnicas que sugerimos neste livro. E todos os dias aprendemos coisas novas. Por isso, é muito importante que você dedique tempo para essa leitura, pois nossa proposta aqui é que seja implementado em sua casa e família um novo estilo de vida. Não pare a leitura deste livro antes de concluí-la nem deixe que qualquer distração (situações da vida regular ou colocadas pelo Diabo) desvie você do seu foco.

Ao ler este livro, você não estará apenas adquirindo novos conhecimentos ou mais uma lista de informações aleatórias, as livrarias estão cheias deles e talvez a sua biblioteca pessoal também. Nossa proposta aqui é levar você a adquirir novos hábitos, e, a partir do que aprender aqui, desafiá-lo a colocar em prática. Então, é imprescindível que você siga o passo a passo que daremos para que use esse livro de forma efetiva.

Ao longo da vida adquirimos, e alguns até colecionam, muita coisa valiosa, adquirimos itens caros, somamos amizades sinceras, realizamos um trabalho importante e significativo, conquistamos alguns bem materiais que estimamos... mas nada do que temos enquanto vivemos nesta Terra pode comparar-se à paternidade, à oportunidade que Deus nos deu de compartilhar os filhos dele conosco.

Essa é a nossa principal e mais importante missão: criar filhos para Deus, para que eles façam a diferença no mundo.

Seja bem-vindo(a) à missão mais importante da Terra! E você não está só nessa jornada. Juntos, deixaremos um legado digno e prepararemos uma descendência que abençoará até mil gerações.

Márcia & Darrell

Como tirar o maior benefício deste livro

Se você deseja aproveitar esse livro ao máximo, há um requisito que consideramos imprescindível: o desejo sincero e profundo de aprender a como criar seus filhos para Deus, na dependência dele e em oração.

A vida que seus filhos terão depende de como você se dedicará a esse momento de aprendizado para saber como os ajudar a serem o que Deus quer que eles sejam e os criou para ser. Se você se entregar, aprender, meditar nos ensinamentos, fizer os exercícios, permitir-se ser questionado e mudar algumas atitudes, acertará muito mais na missão de criar filhos. Contudo, se apenas ler uma página após outra, de forma superficial, como algo rápido e feito às pressas, poderá até ser agradável, mas dificilmente gerará as mudanças necessárias para algo tão fundamental como criar os filhos segundo os propósitos de Deus. Por isso, sugerimos que siga as seguintes dicas:

1. *Ore a Deus antes de começar a leitura.* Peça que Ele revele a você o que precisa ser melhorado ou completamente mudado e como Ele deseja que você aja para impactar as próximas gerações.
2. *Faça duas leituras de cada capítulo.* Mesmo que você fique tentado a ler rapidamente e passar para o próximo capítulo, não ceda a essa vontade. Ao contrário, faça uma leitura geral rápida e, depois, retome o capítulo e faça uma nova leitura, desta vez mais pausada, marcando aquilo que mais chamou sua atenção e/ou que você precisa colocar em prática na sua realidade familiar.
3. *Tenha caneta e papel à mão.* Este livro é interativo, então, lembre-se de ter ao alcance da mão uma caneta e um bloquinho de anotações, para fazer destaques ou anotações. E, caso

você queira aprofundar o aprendizado, é válido responder às perguntas que aparecem na sessão "PraPensar". Elas ajudarão você a sair do lugar comum.
4. *Leia e releia os princípios apresentados.* Aqueles que mais falarem com você, muito possivelmente, são exatamente os que você precisa colocar em prática. Nenhum de nós vai aprender tudo lendo o conteúdo apenas uma vez. Portanto, deixe esse livro em sua cabeceira e tenha por hábito relê-lo todos os meses, até que você fique segura(o) quanto aos ensinamentos. Você pode, inclusive, consultá-lo para assuntos esporádicos, que aparecerão em fases diferentes da vida de seus filhos.
5. *Nada é tão eficaz para o aprendizado quanto a prática.* O resultado da leitura desse livro em sua vida será muito maior se você praticar o que compartilhamos em sua própria vida. Peça a seu cônjuge ou a uma pessoa de sua confiança que cobre de você essas atitudes, compartilhe essa leitura com outros pais. Quando nos comprometemos com outras pessoas é mais fácil não desistirmos.
6. Para facilitar o melhor entendimento do texto, optamos por usar sempre a primeira pessoa do plural na escrita, mas sempre que tivermos um exemplo ou experiência particular, estará marcado no texto com Márcia ou Darrell contando.
7. Também optamos por utilizar, na maior parte do texto, o termo "pai" (embora tenhamos utilizado também a terminologia "pais"), para nos referir ao leitor, apenas para facilitar a escrita, mas sempre estaremos nos dirigindo à figura de responsabilidade sobre a criança, que pode ser a mãe, avó, avô, tio, tia, em alguns casos até um irmão ou irmã mais velho que, na ausência dos pais biológicos, precisou criar, direcionar essa criança no caminho do Senhor.

Existem várias maneiras de você fazer uso dessa ferramenta. Vamos colocar de forma organizada, e baseado em nossa experiência, como ela pode surtir mais efeito em sua vida.

Separamos por formas, pois acreditamos que esse método trará melhor resultado para você, a fim de o estimular a buscar ser mais eficiente em algo tão importante e valioso quanto a criação de seus filhos. Escolha uma das formas abaixo e se delicie ao viver algo abundante em sua vida familiar, a partir dessa nova experiência.

FORMAS PARA SE TER UM MELHOR APRENDIZADO

Resultado incrível – Leitura em grupo

Vocês podem montar um grupo de estudo e crescimento, a partir de casais de sua igreja, do grupo de pais da escola de seus filhos, de amigos de condomínio. Pode ser um grupo grande reunido em uma sala de aula da igreja, de uma escola ou associação de bairro; ou ainda um grupo menor que se reúna na casa de um ou mais integrantes.

Os encontros devem acontecer de acordo com a comodidade do grupo. Cada participante terá o seu livro para fazer as atividades propostas e as reflexões necessárias para mudança.

Resultado extraordinário – Com mais um casal

Se você conhece um casal que tem filhos, com certeza eles precisam melhorar como pais, todos nós precisamos. Será uma oportunidade de ajudar e apoiar um outro casal, bem como de motivar você a fazer o método completo, já que terá o apoio e o compromisso dos encontros com o outro casal, para estudo. Além disso, o método de interagir, compartilhar os ganhos e dificuldades lhe dará ainda mais aprendizado. Por isso, convide um casal e leiam o livro juntos.

Resultado memorável – Você e seu cônjuge

A Palavra de Deus afirma que aquilo que for ligado na terra será ligado no céu (Mateus 18:19). Então, nada pode ser mais poderoso que um pai e uma mãe unidos, buscando, juntos, uma paternidade saudável. A prática da leitura do livro, além das atividades reflexivas feitas individualmente — cada um deve ter seu exemplar do livro —, depois um tempo de compartilhamento, oração e crescimento, será fantástico para o casamento e a família de vocês.

Resultado fantástico – Apenas você

Se seu cônjuge não quiser, nesse momento, participar do processo com você, ou se você não for casado(a), não desanime. Ainda assim, este seu tempo de crescimento será fantástico. Você será sim, um pai ou mãe muito melhor. Se puder, convide uma amiga ou amigo, para que possa trilhar a jornada com você. Seria uma forma de motivar vocês a trocarem experiências de crescimento durante a leitura.

Então é isso. Feitas essas considerações, vamos dar a largada.

A construção de um legado digno

[...] seja um exemplo na maneira de falar, na maneira de agir, no amor, na fé e na pureza.

1Timóteo 4:12

*Prepare seu filho para **ser**, pois o mundo o preparará para **ter**.*

Augusto Cury

Antes de sabermos como construir um legado, especialmente um que valha a pena ser seguido, é necessário sabermos o que é um legado.

Então, quando mencionamos a palavra *legado*, *o que nos vêm à mente?* Com certeza, logo pensamos em algo que alguém ilustre fez e vai se perpetuar por gerações.

O dicionário define legado como sendo "aquilo que se passa de uma geração a outra, que se transmite à posteridade".[5]

Abraão e tantos outros homens santos, a respeito dos quais lemos na Bíblia, foram indivíduos ilustres que deixaram legados dignos e inspiradores os quais seguimos até os dias de hoje. Mas não são apenas essas pessoas consideradas "especiais", que são chamadas a deixar um legado que valha a pena seguir. Existe um legado que cada um de nós também pode deixar.

Como cristã, nossa família traz, pela soma de cada atitude, um legado que ficará para as próximas gerações. E esse legado começa a ser passado dentro de nosso próprio lar, aos nossos filhos.

É necessário aqui fazer uma distinção: legado é bem diferente de herança.

> **HERANÇA** é algo que você deixa *para* seus filhos.
> **LEGADO** é algo que você deixa *nos* seus filhos.

Neste livro, procuraremos construir um legado, um legado digno.

COMO PODEMOS TER UMA VIDA INSPIRADORA?

Existe uma história, contada há muito tempo, que pode nos ajudar nessa construção.

Um pai que queria proporcionar um dia especial para seus filhos os levou ao circo. Na bilheteria, fez aquela pergunta básica:
— Quanto custa?
O caixa respondeu:
— R$ 50,00 para adultos e R$ 30,00 para crianças de 7 a 14 anos. Crianças menores de 6 anos não pagam. Quantos anos eles têm? — E o pai responde:
— O menor tem 3 anos e o maior 7 anos.
E aí, com um sorriso maroto, o rapaz do caixa falou:
— Se você tivesse falado que o mais velho tinha 6 anos, eu não perceberia, e você economizaria R$ 30,00.
E o pai responde:
— É verdade, pode ser que você não percebesse, mas meus filhos saberiam que eu menti para obter uma vantagem. Assim, jamais se lembrariam desta tarde como uma tarde especial, mas, sim, da minha mentira, para tirar vantagem em algo errado.
E finaliza:

> —A verdade não tem preço. Hoje deixo de economizar R$30,00, mas ganho a certeza de que meus filhos saberão a importância de sempre dizer a verdade!
> O caixa permaneceu mudo... E ali, também aprendeu uma lição que vale muito mais que os R$30,00.

Com certeza, o exemplo de retidão daquele pai foi um legado valioso que ele deixou impresso em seus filhos e que direcionará os atos deles por toda vida.

* * *

O legado não tem a ver apenas com feitos grandiosos. Na maior parte do tempo, são pequenas atitudes que formam todo o pensamento de uma comunidade, de um povo.

Não foi assim com Jesus, que, com seu exemplo, trouxe a nós o maior legado de amor? Assim, precisamos pensar: quantas coisas aparentemente simples temos feito na frente das pessoas e de nossos filhos que podem nos dar um prejuízo enorme mais adiante?

Quando pensamos no que deixamos para a posteridade, é impossível não pensar na forma como criamos nossos filhos dentro de casa; e nos perguntamos:

- Estamos deixando para o mundo pessoas que cuidarão do legado de Deus na própria vida?
- Estamos deixando para o mundo indivíduos que inspiram outras pessoas a serem melhores a cada dia?
- Por que alguns casamentos não inspiram os filhos?
- Na sua infância, os exemplos dos seus pais lhe inspiraram a ser quem você é, a fazer sempre o certo perante Deus?
- Se não, é esse o legado que você quer passar adiante?

O QUE PRECISAMOS CURAR EM NÓS?

Para não passarmos coisas negativas às próximas gerações, o que precisamos curar em nós? A Palavra de Deus nos lembra o quanto um pai precisa ser exemplo para os filhos. Em Deuteronômio 6:5-7 lemos:

> Ame o Senhor, o seu Deus, de todo o seu coração, de toda a sua alma e de todas as suas forças. Que todas estas palavras que hoje lhe ordeno estejam em seu coração. Ensine-as com persistência a seus filhos. Converse sobre elas quando estiver sentado em casa, quando estiver andando pelo caminho, quando se deitar e quando se levantar.

Essa é uma missão de todos nós: ensinarmos aos nossos filhos, sermos exemplo para eles durante todo o dia e em todas as situações.

Outro versículo muito conhecido registrado em Provérbios 22:6 nos lembra de que devemos ensinar no caminho e não apenas o caminho. Por isso, precisamos ter uma vida espiritual saudável, ética, comprometida — e feliz — para transbordarmos isso na vida de nossos filhos e de nossa comunidade, para sermos exemplos em nossas atitudes, e não apenas no nosso discurso.

Todo pai e mãe precisa ser como um espelho para os filhos. O espelho não grita, ele apenas reflete. O que mais falta hoje são pais que sejam modelos para os filhos, que gerem reflexos, como um espelho.

Para construir um legado e vermos o exemplo do Cristo permeando a nossa cultura, precisamos de muitos modelos de:

- Honestidade
- Piedade
- Mansidão
- Devoção
- Servidão
- Humildade.

Essas são apenas algumas de tantas outras atitudes importantes, que, se os nossos próprios filhos não as encontram em casa, onde encontrarão?

Alguns pais que reclamam de um governo corrupto, de políticos que enganam e roubam, são os mesmos que, quando o telefone toca e eles não querem atender, pedem aos filhos para dizer que não estão em casa, ou usam a antiga mentira: "Diga que eu tô dormindo". O que esses pais estão ensinando a seus filhos? Que tipo de legado estão deixando?

O versículo de Deuteronômio nos lembra que, antes de ensinar aos nossos filhos, precisamos ter a Palavra dentro do nosso coração. Precisamos viver aquilo que ensinamos.

Acreditamos, firmemente, que o maior problema da família contemporânea é a falta de referência dentro de casa; os pais dos dias atuais querem que os filhos sejam aquilo que eles não são. Claro, que nem todos são assim, mas temos visto pais brincando de ser crentes, enquanto o Diabo não brinca de ser Diabo. Eles dizem uma coisa e praticam outra e, por conta disso, aos poucos, vão perdendo seus filhos para o mundo.

A maior tragédia da família atual é que os pais deixaram de ser modelo para seus filhos. Muitos tropeçam em palavras e perdem a conduta cristã, colocando sua família no mar da vida, como um barco à deriva. E assim, mesmo os pais que têm filhos mais velhos não conseguem ver a conversão de seus filhos, porque o que eles pregaram no passado foi diferente do que eles fizeram.

A maior tragédia da família atual é que os pais deixaram de ser modelo para seus filhos.

FAÇA O QUE EU FAÇO E NÃO O QUE EU FALO

Será que as nossas atitudes como pais e mães interferem tanto assim no legado que deixaremos na próxima geração? Veja o caso de Abraão: ele mentiu duas vezes, dizendo que Sara era sua irmã. Você deve se lembrar da passagem de Gênesis 12:10-20 e 20:1-18. De fato, Sara era irmã de Abraão, por parte de pai (Gênesis 20:12), mesmo tendo ele se casado com ela, o que não era um problema naquele contexto. O problema foi que Abraão contou apenas a parte da história que lhe beneficiaria ou salvaria sua pele, omitindo, assim, que Sara era sua esposa, o que poderia implicar em sua morte, se o rei quisesse tomá-la por esposa e soubesse que era casada. Mais tarde, o filho do patriarca, Isaque, repetiu o mesmo erro cometido pelo pai, mentindo a respeito de sua esposa, Rebeca, dizendo que era apenas sua irmã (Gênesis 26:6-10).

Quantas coisas você tem feito que seus filhos já imitaram ou, certamente, ainda imitarão? E o que dizer dos seus netos, que imitaram os erros dos pais deles que imitaram o que viram você fazer? Seus filhos podem até não fazer o que você diz a eles para fazerem, mas saiba que, com certeza, eles prestam atenção em tudo o que você faz e irá reproduzir essas coisas em algum momento da vida.

Crianças aprendem o tempo todo pelo exemplo dos pais; por isso, seu lar é o primeiro lugar onde você construirá seu legado.

O importante é você se perguntar: "Sou um reflexo de Deus no mundo?". Como isso se dá em nosso dia a dia, em nossas relações familiares, principalmente entre pais e filhos?

Vejamos mais alguns exemplos.

Aquele pai obeso, totalmente fora do peso e que se alimenta mal, com coisas que não são saudáveis, fica sem qualquer autoridade para proibir o filho de consumir frituras, gorduras e refrigerante, já que ele próprio os consome. E aquele pai cujo filho nunca viu lendo um livro, e cobra que o filho leia e seja estudioso... Terá dificuldades em conseguir que o filho o atenda.

Tudo o que fazemos é semente lançada em terra fértil. É material que compõe o nosso legado! Pode ser que hoje ou nesta semana não apareçam problemas, mas e daqui a cinco anos? E depois de dez anos? O que aquela semente fará brotar e crescer na vida dos nossos filhos e netos? De que forma influenciará várias gerações? Nunca se trata apenas de nós ou de nossas crianças, mas sim de gerações e de todo o legado que estamos deixando, mesmo com a menor das lições.

Paulo diz que tudo que o homem plantar, ele colherá (Gálatas 6:7). Qual é a semente que você está plantando para toda a sua linhagem?

Quando ainda somos crianças, o exemplo dos pais é tudo o que temos como referência sobre como devemos agir. Por isso, os pais que não cultivam virtudes tendem a passar esses erros adiante.

Se você cresceu sem esses bons exemplos, lembre-se de que esse não é o fim. Deus concede seu perdão a todos que erram, desde que se arrependam e mudem. O maior erro não é ter sofrido ou cometido erros, mas recusar-se a corrigi-los. É como afirmam estas passagens do livro de Salmos:

> Salva o teu povo e abençoa a tua herança! Cuida deles como o seu pastor e conduze-os para sempre (Salmos 28:9).

> Os teus testemunhos são a minha herança permanente; são a alegria do meu coração (Salmos 119:111).

Aquilo que fazemos é o que nossos filhos aprendem. O que aprendem é o que fazem. E o que fazem é o que será passado adiante. Aos olhos de Deus, esse é o legado que nós deixamos.

Não sabemos que oração você faz hoje, mas nossa oração é que, ao fim da leitura deste livro, você possa orar, com humildade e sem receio, pedindo a Deus que seu exemplo possa ser seguido. Pedimos ao Pai que seus filhos possam, sim, ser iguais a você.

QUE TIPO DE PAI/MÃE SOU EU?

"Espelho, espelho meu, diga-me que tipo de pai/mãe sou eu?" Com foco nessa pergunta, se seus filhos estivessem longe de você e déssemos uma folha em branco a eles, pedindo-lhes que avaliassem você, que nota acha que eles lhe dariam? Você já parou para se perguntar que tipo de exemplo você tem dado para seus filhos? Que tipo de formação tem passado a eles? Se você pudesse olhar de fora o filme da sua vida, o que você veria? Será que veria uma história inspiradora — de recomeços, conquistas, vitórias, aprendizado e crescimento — ou uma história insossa, que não faz diferença?

Talvez hoje sua história como pai ou mãe esteja mais próxima de uma história de terror e esteja, com seu exemplo, ensinando aos seus filhos o que não presta. Perguntamos então: Como você está construindo seu legado junto àqueles a quem você ama? Se você pudesse hoje indicar um filme biográfico para inspirar seu filho e servir-lhe como exemplo, esse filme poderia ser o filme da sua vida?

☐ Sim
☐ Não

Falando nisso, os filmes influenciam a construção dos nossos sentimentos e podem nos inspirar a agir de forma diferente. Por isso, ao fim de cada capítulo vamos indicar para vocês, em determinados assuntos, filmes que irão lhe inspirar a ser um pai ou mãe melhor. Assim, fiquem atentos à seção **DICA DE FILME.**

#PraPensar

1. Quais são as melhores cenas da sua vida em família vale a pena ver de novo? Relembre coisas que vocês viveram juntos e que trazem boas lembranças (Lamentações 3:21).
2. Quais capítulos da sua vida você não gostaria que estivessem em um filme que seu filho fosse assistir?
3. O que você pode fazer, de forma mais imediata, para mudar o conteúdo desses capítulos e redesenhar o roteiro da sua vida?
4. Em um mundo onde tudo é possível, qual seria a história que você queria que seu filho assistisse sobre você?

Não podemos descansar quanto ao que queremos construir na vida de nossos filhos e nas próximas gerações. A opção de criá-los para o mundo não é aceitável, pois é danosa para a vida deles. E como você escolheu criá-los para Deus, conforme os propósitos de Deus, e para fazer a diferença no mundo, precisará aumentar sua guarda e proteção sobre eles; até porque: que legado você quer que seus filhos recebam? O legado de Deus ou o legado do mundo?

Dorothy Law[6] faz uma linda e significativa reflexão sobre a importância do exemplo na vida dos filhos, que irá nos ajudar a entender melhor essa questão. Ela diz assim:

> Se uma criança vive com críticas, aprenderá a condenar.
> Se vive com segurança, aprenderá a ter fé em si mesma.
> Se vive em meio à hostilidade, aprenderá a ser hostil.
> Se vive com aceitação, aprenderá a amar.
> Se vive com medo, aprenderá a ser apreensiva e insegura.
> Se vive com reconhecimento, aprenderá a ter metas para sua vida.
> Se vive com piedade, aprenderá a ter compaixão.
> Se vive com aprovação, aprenderá a gostar de si mesma.
> Se vive entre ciúmes, aprenderá a se sentir culpada.
> Se vive com amizade, aprenderá que o mundo é um belo lugar para se viver.

E aí, de que forma você está criando os seus filhos?
Vamos pensar nisso juntos.

A missão de criar filhos que façam a diferença no mundo nos foi dada por Deus. É nossa responsabilidade criá-los de forma que glorifiquem a Deus; entretanto, temos a tendência de sempre tentar nos safar de nossas responsabilidades, culpando os outros pelo que acontece conosco; sobra para o governo e sua equipe, para o seu chefe, para os médico e professores, para a vizinhança onde sua família vive, e até para o seu cônjuge. É a síndrome de Adão (Gênesis 3:12).

Muitas vezes, parece mais fácil fugir e deixar de assumir nossa responsabilidade ou reconhecer os erros que cometemos;

é um hábito, obviamente, difícil de mudar. Por isso, em alguns momentos, nesse material, vamos alertá-lo sobre o que denominamos DE (Desculpas de Estimação), que nos são tão convenientes em muitas situações, mas que não resolvem o problema nem contribuem para a construção de um legado digno de ser seguido ou na criação de filhos habilitados para abençoar até mil gerações.

Vamos juntos, então. Marque os itens que correspondem ao método antigo de criação e que você vinha utilizando na criação de seus filhos. Não deixe que nenhuma DE atrapalhe você, dizendo que a culpa é de seu cônjuge, dos seus pais ou de quem quer que seja.

Pergunte a si mesmo e aplique toda sua honestidade ao assinalar os itens que correspondam à forma como tem criado seus filhos. Você os cria com:

- [ ] Críticas
- [ ] Hostilidade
- [ ] Aceitação
- [ ] Medo
- [ ] Reconhecimento
- [ ] Piedade
- [ ] Aprovação
- [ ] Ciúmes
- [ ] Amizades

Que resposta me vem à mente para as perguntas:

- O que eu faço, mesmo sabendo que pode ser prejudicial aos meus filhos?
- O que eu faço que é benéfico e faz dos meus filhos pessoas melhores?

SENDO UM EXEMPLO DE AMOR

Deus é um Deus de amor, Ele é puro amor; e se quisermos criar nossos filhos segundo os propósitos de dele, precisamos empenhar muito amor.

Aí, talvez você pense: "Poxa meio redundante e óbvio isso. É claro que eu amo meus filhos!". Sim, não temos dúvida de que você os ame, mas, nesse momento, queremos levá-lo(a) a refletir a respeito de como anda o seu exemplo de amor. Como seus filhos percebem o seu amor por eles? Que tipo de legado encontramos em suas atitudes, naquelas horas em que você age sem pensar? Fazemos isso porque uma coisa é você dizer que ama seus filhos, outra bem diferente é eles se sentirem verdadeiramente amados.

Você ama, mas dá mais atenção aos amigos do que aos filhos. Ama, mas dedica mais tempo a uma tela de televisão, tablet ou aparelho celular que ao tempo de qualidade com eles, olhando nos olhos de seus filhos. Ama, mas está tão cansado(a) que já não se envolve mais nas brincadeiras e já não tem mais paciência. E, com o passar dos anos, os filhos desenvolvem a mesma atitude, o mesmo distanciamento em relação a você, que antes você havia criado em relação a eles.

Você precisa reavaliar, pensar novas formas de demostrar amor, e a melhor delas é cuidando do destino profético dos seus filhos, porque o que realmente importa não é termos filhos bem-sucedidos na sociedade, mas, sim, termos filhos salvos. É pensando dessa forma, pensando como cristãos, que conseguimos criar e manter o legado de Deus no mundo.

> *O que realmente importa não é termos filhos bem-sucedidos na sociedade, mas, sim, termos filhos salvos.*

Não existe maior demonstração de amor do que investir na salvação dos nossos filhos, aproximando-os das coisas de Deus, agindo em relação a eles como Jesus agiria; até porque, como Deus é amor, nada melhor do que ser parecido com Deus na relação com os filhos.

E saiba que o contrário também é verdade. Quando não enchemos a vida dos nossos filhos com amor, o oposto é confusão, brigas e, até mesmo, indiferença. Vários estudos confirmam que filhos que crescem em lares assim vão, naturalmente, repetir esse padrão. Eles serão maus cônjuges e péssimos pais, gerarão filhos conturbados, e assim por diante, prejudicando a tarefa de deixar um legado digno de ser seguido.

Experimente fazer um exercício simples: anote em seu bloquinho tudo aquilo de que se lembrar que seus pais e sua família lhe transmitiram, de que forma eles transmitiram o amor deles e de Deus a você, ao longo da vida. Agora, pense em todas as vezes que você conseguiu transmitir esse mesmo amor aos seus filhos. Por fim, pense em como seus filhos viram esse amor, como o sentiram e como podem passá-lo adiante.

O amor que você transmite hoje é uma semente, cujos frutos serão colhidos por gerações. Isso é o legado que Deus espera de você.

QUEM AMA DECLARA QUE AMA

Em Mateus 3:17, lemos a declaração de Deus-Pai a respeito do Senhor Jesus. O texto afirma: "Este é o meu filho amado, que me dá muita alegria". Cabe aqui um importante questionamento: qual foi a última vez que você seguiu esse exemplo de Deus e, olhando para seu filho, disse: "Filho eu amo você. Saiba que você é muito amado e que sou muito feliz por você existir"?

- [ ] Esta semana
- [ ] Este ano
- [ ] Este mês
- [ ] Vou fazer agora

Você ficaria impressionado se soubesse quantas pessoas nunca olharam para seus próprios filhos e disseram um "eu amo você". Você se surpreenderia se soubesse quantas filhas cresceram sem saber o que seus pais sentem quando pensam na existência delas. Muitas, durante toda a vida, só receberam cobranças, humilhação e violências. Mas amor, jamais.

Contudo, independentemente de como você foi criado(a), mesmo que nunca tenha ouvido um "eu amo você", ainda que seus pais nunca tenham expressado alegria ou dito o quanto eram felizes por você existir, queremos dizer-lhe que Jesus ama você! Nós amamos você! Sim! Você é "a menina dos olhos de Deus". Portanto, você não pode deixar que esse bloqueio a atrapalhe de demonstrar o que sente pelos seus filhos. Isso porque o que fazemos agora tem grande influência no que acontecerá nas próximas mil gerações, e precisamos assumir uma nova postura. Você não pode deixar que seus filhos herdem essa dor. Você precisa quebrar isso agora, e viver algo novo na sua casa.

Se você é o pai e tem aquela crença de que homem não expressa amor nem diz "eu amo você" para quem quer que seja, quero lhe dizer que isso já saiu de moda há muito tempo e você precisa, sim, independentemente da idade de seus filhos, fazê-los saber e sentir que são amados por você. Aliás, quero deixar que agora você se permita dar uma pausa na leitura e aproveitar este momento para fazer algo que pode fazer a diferença na sua vida e na de outra pessoa.

Que tal escolher aquela pessoa de quem você lembrou agora, que é alguém muito importante para você, mas a quem você nunca demonstrou amor nem disse que amava e, olhando nos olhos dela, dizer que a ama? Ou então, aquela pessoa que você ama tanto, mas faz muito tempo que não diz isso a ela? Pode ser, sim, o seu filho(a), pode ser seu cônjuge, mas pode também ser seu pai ou sua mãe.

Feita a escolha, entregue-se a esse momento verdadeiro de demonstração de amor. Vá até a pessoa e declare "EU AMO VOCÊ".

UM LEGADO É CONSTRUÍDO COM EXEMPLOS E HERANÇAS

MÁRCIA

Albert Schweitzer disse que "Dar o exemplo não é a melhor maneira de influenciar os outros. É a única. E precisamos cada vez mais nos preocupar com isso".

Um exemplo de amor verdadeiro também tem a ver com suas atitudes e isso vai definir a forma como os filhos aprendem o que é amor. Eles podem aprender muito pelo que você fala, mas temos visto que nada se compara com o fato de ser exemplo; isso, sim, é contagiante.

Em nossa experiência, isso é muito claro. Emilly, nossa filha mais velha, presenciou muitas cenas tristes no início do nosso casamento; era uma época quando não conhecíamos a Cristo e brigávamos demais. Se nossa vida fosse um filme, as cenas a que nossa filha assistiu naquela época eram de suspense, intrigas e brigas. O nosso exemplo era muito ruim, uma má influência.

Agora, porém, na nova fase que vivemos, depois que resolvemos ser A2 (Márcia e Darrell, uma só carne + Jesus), os nossos filhos assistem a outro tipo de filme, que mais se parece com uma linda história de amor; aliás, é isso mesmo que é. Existem, sim, desafios, como para todo casal, mas, em nossa crença, buscamos sempre viver o plano de Deus.

Lembro-me de que Dyllan, nosso filho mais novo, costuma "pegar no flagra" meu marido e eu fazendo um carinho um no outro. Quando isso acontece, ele pede que mantenhamos o que estamos fazendo para que possa tirar uma foto. Ele diz: "Para, para, #momentoA2. Casal lindo se beijando. Deixa eu tirar uma selfie". E ele registra aquele *momento, como algo alegre e marcante na vida dele. Meu marido e eu temos o hábito de fazer carinho um no outro; isso faz parte da nossa vida, e para nosso filho já é natural ver os pais vivendo o #momentoA2. Um estilo de vida que procuramos seguir dia a dia.*

Anote aí em seu bloquinho

- Quais são as lembranças que vocês têm deixado na mente dos seus filhos?
- Quais são as heranças que vocês sabem que eles poderão repetir na vida deles, aprendidas do comportamento que você e seu cônjuge têm tido como casal?

Agora que você já sabe como construir um legado, que tal aprender a otimizá-lo, tornando-o um legado exemplar? Este é o tema que vamos tratar no próximo *capítulo, e temos certeza de que você vai aproveitar muito. Venha conosco! Vamos construir um legado que vai durar até mil gerações. Amém!*

Compromisso de mudança

Vamos desafiar você a juntar selos de novos compromissos, conforme for lendo os capítulos. Para ajudar, sempre colocaremos um exemplo, e você incluirá os demais. Ao fim do livro, some todos os seus compromissos e veja quantos passos positivos você se propôs a dar, visando à construção do seu legado. Depois, é só cumprir cada um deles!
EXEMPLO: Eu me comprometo a revisar meus hábitos, para checar se sou, realmente, um bom exemplo para meus filhos.

1. Eu me comprometo a _____
   _____

2. Eu me comprometo a _____
   _____

3. Eu me comprometo a _____
   _____

4. Eu me comprometo a _____
   _____

5. Eu me comprometo a _____
   _____

Dica de filme

À PROCURA DA FELICIDADE

Um casal enfrenta sérios problemas financeiros, e a mulher resolve partir, deixando o filho de cinco anos de idade sob os cuidados do pai. Sem emprego, o pai acaba indo morar na rua com a criança e enfrenta inúmeras dificuldades para se alimentar e dormir, mas nunca descuida do filho. Um exemplo de amor a qualquer prova!

Um legado exemplar

*Eis que os filhos são herança do Senhor,
e o fruto do ventre o seu galardão.*

(Salmos 127:3)

*A palavra convence, mas o exemplo arrasta.
Não se preocupe, porque seus filhos não te escutam,
mas te observam todo dia.*

Madre Teresa de Calcutá

Não. Não basta um legado. Quem ama quer deixar aos filhos um legado exemplar, como Deus deixou para nós. Pais cristãos contemplam seus filhos como uma herança recebida de Deus, um prêmio, uma recompensa (Salmos 127:3). Esse versículo da Bíblia, nos empolga muito, porque nele vemos que nossos filhos fazem parte da herança que Deus nos deu de presente e, portanto, merecem um legado exemplar, à altura da bênção que são para nós.

Na citação da Madre Tereza de Calcutá, somos lembrados de que não adianta dizer centenas de vezes para nossos filhos fazerem algo de determinada forma, se nós o fazemos de outra, pois é nosso exemplo que eles seguirão.

Se excelência é algo que temos de aplicar em tudo o que fazemos, realizando tudo "como para o Senhor", imagine como deve ser, então, quando o que está em questão são os nossos filhos. Será que o critério de excelência não se aplicaria à criação dos nossos filhos? Será que não deveríamos buscar, com alto grau de comprometimento e seriedade, deixar para eles um legado exemplar, que seja digno de ser seguido?

SEJA O *PIT STOP* DE QUE ELES PRECISAM

Nós também podemos ser exemplos de amor para nossos filhos quando eles se reabastecem em nossa presença, fortalecendo-se para crescerem mais saudáveis; com isso, teremos uma linhagem geracional mais preparada para os desafios que inevitavelmente enfrentarão.

Assim como em uma corrida da Fórmula 1, em que os carros precisam de um *pit stop*, aquela parada nos boxes, para reabastecer, trocar pneus, submeter-se a reparos e/ou ajustes mecânicos, receber cuidados indispensáveis para estarem devidamente preparados e ter um bom desempenho na corrida, igualmente, nossos filhos precisam encontrar em nós esse porto seguro.

Eles precisam abastecer-se de cuidados, atenção, carinho, afeto, um local em que se sintam confiantes. Assim como, na Fórmula 1, quando o piloto faz o *pit stop* e todos estão ao seu redor para lhe dar atenção total, nossos filhos também precisam de um tempo como esse, no qual somos para eles exemplos de dedicação e amor.

Claro que esse "momento *pit stop*" não pode ser eterno. Nenhum carro foi feito para ficar parado nos boxes, muito menos para sair pela pista com os mecânicos do lado. Da mesma forma, um *pit stop* bem-feito vai garantir que seus filhos se sintam fortes para continuar a corrida da vida, sabendo que sempre que precisarem poderão voltar lá e se reabastecer.

FAÇA O QUE EU FALO, MAS NÃO FAÇA O QUE EU FAÇO

Uma lenda popular do Oriente conta que um jovem chegou à beira de um oásis que ficava junto a um povoado e, aproximando-se de um velho, perguntou-lhe:

— Que tipo de pessoa vive neste lugar?

— Que tipo de pessoa vivia no lugar de onde você vem? – perguntou, por sua vez, o ancião.

— Oh, um grupo de egoístas e malvados — replicou o rapaz. Estou satisfeito por ter saído de lá. — A isso o velho replicou:

— A mesma coisa você haverá de encontrar por aqui.

No mesmo dia, um outro jovem se acercou do oásis para beber água e, vendo o ancião, perguntou-lhe:

— Que tipo de pessoa vive por aqui? — O velho respondeu com a mesma pergunta:

— Que tipo de pessoa vive no lugar de onde você vem? — O rapaz respondeu:

— Um magnífico grupo de pessoas, todas amigas, honestas, hospitaleiras. Fiquei muito triste por tê-las deixado.

— O mesmo encontrarás por aqui — respondeu o ancião.

Um homem que havia escutado as duas conversas, perguntou ao velho:

— Como é possível dar respostas tão diferentes à mesma pergunta? — Ao que o velho respondeu:

— Cada um carrega em seu coração o meio ambiente em que vive. Aquele que nada encontrou de bom nos lugares por onde passou, não poderá encontrar outra coisa por aqui. Aquele que encontrou amigos ali, também os encontrará aqui, porque, na verdade, a nossa atitude mental é a única coisa em nossa vida sobre a qual podemos manter controle absoluto.

Temos de ter muito cuidado com o que está em nosso coração. A Bíblia alerta que a boca fala aquilo de que o coração está cheio (Mateus 12:34). Então, nossos julgamentos, palavras torpes ou posicionamentos agressivos têm a ver com o que temos em nosso coração e isso, obviamente, respingará em nossos filhos e poderá resultar na destruição do legado que estamos construindo.

A forma como vemos o mundo interfere no que passaremos para nossos filhos, exerce influência na escolha da janela através da qual mostraremos o mundo para eles. Pode ser um mundo fantástico, cheio de oportunidades, florido e repleto de vida ou uma terra seca, sem vida, cercada por problemas e corrupção.

A forma como vemos o mundo interfere no que passaremos para nossos filhos.

As crianças são como esponjas e, naturalmente, absorvem tudo que nós fazemos, dizemos e o modo como agimos. Se estamos criando para elas um ambiente de pessoas egoístas e malvadas, pouco importará se dissermos a ela para serem diferentes, pois o que vale é que ambiente proporcionamos para elas viverem, que é o nosso legado para elas.

Quando elas vivem com pais críticos, que vivem reclamando da vida e do governo, falando mal de pessoas da igreja, é natural que elas cresçam com esse tipo de comportamento.

Lembramos de, certa vez, um casal confrontar o filho de 17 anos, que não queria ir mais para igreja. Ao ser questionado sobre a razão de não frequentar mais os eventos, o jovem relembrou seus pais:

— Mãe, lembra que a gente voltava do culto e a senhora falava que a irmã fulana era falsa, que a senhora não aguentava mais a exibição da irmã beltrana? Pois bem, decidi que não quero ficar no meio desse povo não, prefiro meus amigos da faculdade.

Cuidado com suas atitudes, principalmente, na frente dos seus filhos, pois elas formarão o destino deles e contribuirão para construir ou destruir o legado que você pretende deixar para as futuras gerações.

Vamos nos espelhar na Palavra do Senhor, conforme o texto de Êxodo 15:17: "Tu o farás entrar e o plantarás no monte da tua herança, no lugar, ó Senhor, que fizestes para a tua habitação, no santuário, ó Senhor, que as tuas mãos estabeleceram".

Olhando além do presente, seu exemplo não forma apenas a atitude dos seus filhos, mas também de todo um ambiente. Que legado você deixará para o lugar onde vive e para as pessoas com as quais você convive?

Todas as pessoas com as quais você interage — amigos, familiares, colegas de trabalho — também ouvem e respondem ao que você faz. Quando seus filhos crescerem, terão influência similar no mundo ao seu redor. A sua atitude de hoje exerce influência significativa na vida de um número muito maior de pessoas do que você imagina.

MÁRCIA
Legado e exemplo

Não há como pensar em legado e exemplo sem que surja a pergunta: como as próximas gerações formarão suas atitudes? Há uma história de que gostamos muito e que fala sobre a forma como tratamos os outros. Acompanhe aqui:

"Um idoso trabalhou a vida inteira. Ao aposentar-se, comprou uma propriedade rural para que o filho a administrasse e resolveu passar o resto de seus dias na varanda da casa principal.

O filho laborou na fazenda durante três anos. Então, começou a ficar com raiva:

— Meu pai não faz nada — comentava com seus amigos. — Passa a vida olhando o jardim e me põe a trabalhar como se fosse escravo, para que possa alimentá-lo.

Um dia, resolveu acabar com a situação, que achava injusta. Construiu uma grande caixa de madeira, foi até a varanda e disse ao pai:

— Entre aí.

O pai obedeceu-lhe. O filho colocou a caixa em seu caminhão e foi até a beira de um precipício, preparando-se para lançar o objeto abismo abaixo. Foi, então, que escutou a voz do pai:

— Meu filho, pode atirar-me no despenhadeiro, mas guarde a caixa. Afinal, você está dando o exemplo a seus filhos. Algum dia, eles precisarão dela para a usar com você.

Às vezes, não prestamos atenção, mas nossos filhos nos observam mesmo nas coisas mais simples que fazemos, e eles as estão absorvendo; e, cedo ou tarde, começarão a repetir tudo o que nos observaram fazer. Quantas das suas ações e palavras e até mesmo do seu jeito de olhar, andar e sentar-se seu filho tem? Quanto ele já reproduz de tudo o que viu você fazer ou ouviu dizer?

Vemos claramente nos nossos filhos o poder que tem o exemplo. Darrell Filho, é nosso filho do meio. Quando está jogando futebol e, de repente, para no campo, ele põe as mãos no quadril, exatamente como o pai faz. Nunca lhe foi ensinado a se "escorar" daquela forma, mas ele repete o padrão que o pai costuma fazer.

Já nossa filha Emilly, tem mania de limpeza. Ninguém ensinou isso a ela, mas é idêntica ao pai nesse sentido. O nosso pequeno Dyllan é conquistador, ele usa aquele olhar sereno quando deseja algo, e nisso ele é também exatamente igual ao pai.

Se você pensou que, por isso, eles não têm nada da mãe, enganou-se, pois eles têm sim. Mas, aqui, eu preferi usar exemplos de semelhanças deles com o pai, simplesmente para o agradar. Mas tanto mães quanto pais são exemplos para os filhos.

Por isso, se você trata alguém grosseiramente ou de outra forma indevida na frente dos seus filhos, eles naturalmente repetirão esse padrão. Se você é daquelas pessoas que passam pela portaria e dependências do seu condomínio sem cumprimentar ninguém, pega o elevador com outro morador e sequer lhe diz "bom dia", "boa tarde" ou "boa noite", como você imagina que seus filhos serão?

Se você não visita seus pais, não os trata de forma honrosa, não dá carinho, atenção e amor, naturalmente, quando seus filhos crescerem, vão repetir esse padrão com você.

Muitas pessoas que chegaram à velhice e estão sozinhas reclamam da ausência dos filhos. A verdade é que, talvez, eles mesmos tenham criado essa situação, devido às atitudes que tiveram no passado. Por não terem investido no relacionamento com seus filhos, estabelecendo vínculo com eles e ensinando-os a valorizar as conexões familiares, hoje vivem sozinhas. E não adianta dizer façam o que falo, pois eles seguirão o que você faz, e não o que você fala. O exemplo fala mais alto que as palavras.

> *E não adianta dizer façam o que falo, pois eles seguirão o que você faz, e não o que você fala.*

Na Bíblia, sempre que olhamos o exemplo de José do Egito, ficamos maravilhados com suas conquistas e sua capacidade de superação e realização. Sem dúvida, o jovem José é um dos grandes personagens da história bíblica.

No entanto, sempre que falamos dessa personagem esquecemos de ressaltar a parte mais importante de sua vida: o fato de ele ser filho de Jacó, descendente de Abraão. Sim, tudo que José passou na vida, todas as suas ações, tinham a ver com a referência de pai que ele teve na vida. Por mais que Jacó não tivesse falado, José estava vendo e aprendendo.

Em Gênesis 33, temos um exemplo: Jacó foi pedir perdão a Esaú, e a Bíblia relata que José estava ao lado dele, e estava aprendendo. Anos depois, quando José recebe os irmãos no Egito, repete o mesmo gesto com os irmãos.

Aqui, cabe uma parada para responder a algumas perguntinhas muito importantes. Mas antes, pegue o seu bloquinho. Anote nele as seguintes perguntas e as respectivas respostas:

- O que você tem feito que gostaria que seus filhos repetissem?
- Quais atitudes você reprova em si mesmo e gostaria que seus filhos jamais as repetissem?
- A partir de agora, o que você pode começar a fazer para inspirar seus filhos a também construírem um legado digno e que valha a pena ser seguido?

TIPOS DE "PAIS"

Na vida, todos nós exercemos alguns papéis que nem sempre são fáceis de exercer. Uma mesma pessoa pode exercer muitos papéis: vendedor, filho, amigo, sobrinho, tio, neto, cunhado, membro de um clube etc. Ser pai e mãe é um desses papéis. Um papel fundamental. Talvez o mais importante e difícil que exerceremos na vida.

É válido ressaltar neste ponto da nossa conversa que escolhemos usar a palavra "pai", adotando-a para nomear a pessoa responsável pela criação da criança, seja pai (figura masculina; genitor), mãe (figura feminina; genitora), a avó ou avô, às vezes um tio ou tia, e até um irmão mais velho sobre quem recaiu essa responsabilidade. E será assim que denominaremos no decorrer do livro, e você já sabe que todas as vezes que citamos "pai", estamos falando da figura de autoridade na vida da criança, que tem como missão guiá-lo nos caminhos de Deus.

Em nossa esfera particular, precisamos nos apropriar do papel verdadeiro de ser "pai", não apenas atuar como coadjuvantes nessa história, esperando o mundo tragar nossos filhos, mas, sim, entendendo a diferença que podemos fazer a partir do nosso exemplo na vida deles.

Queremos apresentar, aqui, alguns tipos de "pais", esperando que isso sirva de parâmetro para que você possa identificar erros a serem corrigidos e acertos a serem aprimorados, ao longo da jornada de deixar impressas no coração e na mente de seus filhos marcas abençoadoras.

Contudo, antes, ao ler a seguir a descrição de cada tipo de pai, busque definir com qual deles você se identifica. Será que você é algum desses tipos de pai ou é apenas um "pai biológico"? Seus pais trouxeram bases sólidas para formar quem você é hoje ou você aprendeu a ser assim com outras figuras que passaram em sua vida?

Lembramos que vamos falar sobre esses tipos de pais, justamente porque é na reprodução dos exemplos que construímos o legado. Vamos lá?

Pai/Mãe DITADOR

Rígido, vive apontando os defeitos e corrigindo o filho, que está sempre errado, enquanto ele considera estar sempre certo. É o legítimo "dono da verdade", e o filho só encontra o caminho ouvindo os sermões dele, o que o torna tímido, temeroso demais para se arriscar, e assim, dificilmente alçará voos mais altos.

Pai/Mãe SUPERPROTETOR

Mata qualquer possibilidade de iniciativa do filho, pois sempre vem com a solução, antes que o filho, por si mesmo, procure um caminho. Não deixa que o filho se arrisque ou viva novas experiências, o que o torna acomodado. E isso se repetirá em seus filhos, que sempre esperarão alguém que faça tudo por eles.

Pai/Mãe CENTRO DO MUNDO

Se julga a única fonte de amor e compreensão para os filhos, e está sempre pronto para resolver tudo por eles. Não deixa que os filhos se sintam capazes de fazer algo, o que faz com que tenham dificuldades para confiar em outras pessoas e de se entregar aos relacionamentos.

Pai/Mãe VÍTIMA

Sempre se sente injustiçado; é "o coitadinho" que passou por alguma frustração profissional ou familiar e sempre coloca a culpa nos outros. Com o exemplo, os filhos começam a negar suas responsabilidades e, por certo, refletirão uma vida semelhante à dos pais.

Pai/Mãe DESTEMPERADO

É aquele tipo sem limite, que exige muito do filho, sem nunca ficar satisfeito. Não dá o colo de que/quando o filho precisa, grita, tem rompantes de ira e torna o filho um saco de pancadas. Com isso, o filho cresce temeroso e inseguro, sem coragem de se entregar a uma relação amorosa mais profunda.

UMA CARTA DE AMOR

Gostaríamos de concluir este capítulo com uma reflexão. Será muito importante se você se dedicar a ela e tentar se colocar em uma ou mais das situações apresentadas. Se possível, reserve um local tranquilo, e mantenha-se focado até o final da carta. Todo o restante do livro pode ser diferente se você entender o que vai ler nessa reflexão escrita em 1927 por W. Livingston Larned.[7]

Escute, filho: enquanto falo isso, você está deitado, dormindo, uma mãozinha enfiada debaixo do seu rosto, os cachinhos louros molhados de suor grudados na fronte. Entrei sozinho e sorrateiramente no seu quarto. Há poucos minutos, enquanto eu estava sentado lendo meu jornal na biblioteca, fui assaltado por uma onda sufocante de remorso. E, sentindo-me culpado, vim para ficar ao lado de sua cama.

Andei pensando em algumas coisas, filho: tenho sido intransigente com você. Na hora em que se trocava para ir à escola, reclamei com você por não enxugar direito o rosto com a toalha. Chamei-lhe a atenção por não ter limpado os sapatos. Gritei furioso com você por ter atirado alguns de seus pertences no chão.

Durante o café da manhã, também impliquei com algumas coisas. Você derramou o café fora da xícara. Não mastigou a comida. Pôs o cotovelo sobre a mesa. Passou manteiga demais no pão. E quando começou a brincar e eu estava saindo para pegar o trem, você se virou, abanou a mão e disse: "Tchau, papai!" e, franzindo o rosto, em resposta eu lhe disse: "Endireite esses ombros!".

De tardezinha, tudo recomeçou. Voltei para casa e, quando me aproximava, vi você ajoelhado, jogando bolinha de gude. Suas meias estavam rasgadas. Humilhei-o diante de seus amiguinhos fazendo-o entrar em casa na minha frente e dizendo: "As meias são caras. Se você as comprasse tomaria mais cuidado com elas!". Imagine isso, filho, dito por um pai!

Mais tarde, quando eu lia na biblioteca, lembra-se de como me procurou, timidamente, com uma espécie de mágoa impressa nos seus olhos? Quando afastei meu olhar do jornal, irritado com a interrupção, você parou à porta: "O que é que você quer?", perguntei implacável.

Você não disse nada, mas saiu correndo num ímpeto na minha direção, passou seus braços em torno do meu pescoço e me beijou; seus braços foram se apertando com uma afeição pura que Deus fazia crescer em seu coração e que nenhuma indiferença conseguiria extirpar. A seguir retirou-se, subindo correndo os degraus da escada.

Bom, meu filho, não passou muito tempo e meus dedos se afrouxaram, o jornal escorregou por entre eles, e um medo terrível e nauseante tomou conta de mim. O que o hábito de ficar procurando erros e fazer reprimendas estava fazendo comigo? Era dessa maneira que eu, costumeiramente, o estava recompensando por ser uma criança. Não que não o amasse; o fato é que eu esperava demais da juventude. Eu o avaliava pelos padrões da minha própria vida.

E havia tanto de bom, de belo e de verdadeiro no seu caráter. Seu coraçãozinho era tão grande quanto o sol que subia por detrás das colinas. E isso eu percebi pelo seu gesto espontâneo de correr e de dar-me um beijo de boa noite. Nada mais me importa nesta noite, filho. Entrei na penumbra do seu quarto e ajoelhei-me ao lado de sua cama, envergonhado!

É uma expiação inútil; sei que, se você estivesse acordado, não compreenderia essas coisas. Mas amanhã eu serei um papai de verdade! Serei seu amigo, sofrerei quando você sofrer, rirei quando você rir. Morderei minha língua quando palavras impacientes quiserem sair pela minha boca. Eu irei dizer e repetir, como se fosse um ritual: "Ele é apenas um menino, um menininho!".

Receio que o tenha visto até aqui como um homem feito. Mas, olhando-o agora, filho, encolhido e amedrontado no seu ninho, certifico-me de que é um bebê. Ainda ontem esteve nos braços de sua mãe, a cabeça deitada no ombro dela. Exigi muito de você, exigi muito.

Forte? Muito forte! E, em muitas situações, exatamente como este pai. Exigimos demais e não damos o exemplo que precisamos dar para construir o legado que desejamos. Mas estamos aqui, juntos, aprendendo a cada página deste livro, e juntos conseguiremos alcançar sucesso, em prol de famílias saudáveis que honrem a Deus.

Que você esteja construindo na vida de seus filhos, a partir dos próprios exemplos, um legado que abençoe gerações.

No próximo capítulo, aprenderemos a respeito da arte de criar filhos, construindo nosso legado digno de ser seguido por eles. Criamos nossos filhos não para o mundo, mas para Deus! Essa é a missão mais difícil da terra, e a mais recompensadora. Seguiremos o mapa para termos filhos salvos e a partir dos quais o poder de Deus será disseminado por mil gerações.

Agora, mais uma oportunidade para você juntar seus selos de compromisso, seguindo o exemplo abaixo.

EXEMPLO: Eu me comprometo a não abrir a boca para falar mal de ninguém nem na frente dos meus filhos, nem longe deles.

UM LEGADO EXEMPLAR **51**

1. Eu me comprometo a _____
   _____

2. Eu me comprometo a _____
   _____

3. Eu me comprometo a _____
   _____

4. Eu me comprometo a _____
   _____

5. Eu me comprometo a _____
   _____

Dica de filme

O MILAGRE DA FÉ

O milagre da fé é um filme vibrante e que nos empolga do começo ao fim. Demostra o poder da fé de uma mãe e mostra como o impossível é possível para Deus, quando confiar nele. Mesmo depois de os médicos o considerarem morto após um acidente em um lago congelante, o menino John Smith, de apenas 14 anos, é trazido novamente à vida pelo poder da oração.

3

A arte de criar filhos

*Todos os seus filhos serão ensinados pelo Senhor,
e grande será a paz de suas crianças.*
Isaías 54:13

*Não deverão gerar filhos quem não quer dar-se ao
trabalho de criá-los e educá-los.*
Platão

Entre nesta história conosco.

Um dia uma pequena abertura apareceu em um casulo, que estava em uma árvore. Um homem sentou-se e, durante várias horas, observou a borboleta dentro do casulo e pensou: "Como ela se esforça para fazer que seu corpo minúsculo passe através daquele pequeno buraco!"

De repente, o homem percebeu que a borboleta parou de fazer qualquer movimento. Não havia progresso em sua luta. Parecia que ela já havia lutado demais e não conseguia vencer o obstáculo. Então, o homem resolveu ajudá-la. Pegou uma tesoura e cortou o restante do casulo. A borboleta saiu facilmente, mas ele percebeu que seu corpo estava murcho e suas asas amassadas.

> *O homem continuou a observar a borboleta porque esperava que a qualquer momento as asas se abrissem e, firmando-se, pudessem suportar o peso do corpo. Mas nada aconteceu! Ao contrário, a borboleta passou o resto de sua vida rastejando com o corpo murcho e as asas encolhidas. Nunca foi capaz de voar porque o homem, em um ato de gentileza e vontade de ajudá-la, não compreendeu que era o aperto do casulo que fazia com que a borboleta se esforçasse e assim se fortalecesse para passar por meio da pequenina abertura. Ele mudou o processo natural de crescimento da borboleta.*

Essa é a forma que Deus utiliza para fazer que o fluido do corpo da borboleta chegue às suas asas, deixando-as fortes e resistentes o bastante para que possa livrar-se do casulo e fazer o que elas nasceram para fazer: voar. Se modificamos esse processo de crescimento, podemos danificar o projeto inicial de Deus.

E nós, enquanto pais, como agimos? Queremos proteger e não permitimos que os filhos amadureçam passando pelo processo. Filhos que rastejarão em algumas áreas da vida, porque não tiveram a oportunidade de se desenvolver sozinhos, porque os pais fizeram por seus eles coisas que eles (os filhos) deveriam ter feito, e não os pais.

Para que nossos filhos possam voar e assim construir um legado forte, precisamos permitir que eles passem por todas as fases da vida, que caiam, aprendam, mas que, principalmente, saibam que não estão sós, pois nós estamos ali para os apoiar, e não para fazer o que eles devem fazer por si mesmos.

Da mesma forma, Deus é conosco. Quantas vezes Ele permitiu que você passasse por um obstáculo para poder aprender lições preciosas? A Bíblia alerta-nos a esse respeito quando afirma: "Feliz é o homem que persevera na provação, porque depois de aprovado receberá a coroa da vida, que Deus prometeu aos que o amam" (Tiago 1:12).

Nós não seríamos tão fortes se não tivéssemos passado por fases difíceis; foram elas que nos permitiram voar. Na vida de nossos filhos ocorre a mesma coisa, e é aí que está nosso desafio: criar nossos filhos utilizando uma paternidade saudável e criando-os para o propósito de Deus.

Nossa missão é ensiná-los "no" caminho, e não fazer o caminho por eles, assim enriqueceremos nosso legado e, consequentemente, o legado de nossos filhos.

Uma das primeiras grandes emoções que nós, pais e mães, vivemos se dá na fase em que nossos filhos estão ensaiando os primeiros passos.

Quem não se lembra do quanto ficávamos no chão, torcendo, guiando, apoiando e dizendo palavras de incentivo para eles terem essa primeira grande vitória na vida. "Vem para o papai, vem", e ele tentava dar mais um passo, e quando cambaleava, você segurava uma das mãos e ele tentava novamente.

Por mais que quiséssemos, não poderíamos andar no lugar de nossos filhos; só eles poderiam conseguir fazer isso. Esse é um treino pelo qual eles precisaram passar. Equilibrar-se, cair, reequilibrar, tentar de novo, chorar e aprender a controlar o corpo são coisas que cada criança terá de vivenciar sozinha. Nós podemos incentivar e ajudar, apoiar, mas jamais andar no lugar deles.

Sabe quando uma criança começará a andar sozinha? Depois que ela cair, entender os próprios limites, o que pode e o que não pode, conhecer o seu corpo, superar a frustração das inúmeras vezes em que falhou e, finalmente, começar a correr pela sala de um lado para outro. Nessa fase, claro, a criança se sentirá tão livre, e é aí que entra o nosso papel como pais no processo de criação: educando, disciplinando, orientando e guiando nossos pequenos "no" caminho que elas devem andar.

A questão é que no processo de criação de filhos, muitas vezes, esquecemos da experiência dos primeiros passos que nosso filho deu, de que ele precisou cair para aprender, de que precisamos não tentar andar por eles, mas simplesmente estar com a mão estendida lá adiante, dizendo: "Filho, se você cair eu estou do seu lado".

Em outras situações esquecemos que a vida imporá limites aos nossos filhos e que conhecer os próprios limites, saber até onde podem ir, irá ajudá-los a não se frustrar tanto. E assim, desejamos criá-los em uma bolha, superprotegidos, comprometendo seu desenvolvimento e a construção de seu legado e, em consequência, o legado dos filhos.

O PERIGO DO PROTECIONISMO PARA O LEGADO

Acreditamos que Moisés tenha sido um exemplo de protecionismo com seu filho. A Bíblia conta que o Senhor quase matou Moisés por não cumprir os mandamentos da aliança, que, naquela época, solicitava aos pais que circuncidassem os filhos. O livro de Êxodo 4:24-26 diz: "Numa hospedaria ao longo do caminho, o Senhor foi ao encontro de Moisés e procurou matá-lo. Mas Zípora pegou uma pedra afiada, cortou o prepúcio de seu filho e tocou os pés de Moisés. E disse: 'Você é para mim um marido de sangue!'".

Ela disse "marido de sangue", referindo-se à circuncisão. Nessa ocasião, o Senhor o deixou. Ao que tudo indica, a omissão de Moisés, talvez querendo proteger o filho da dor da circuncisão, quase colocou em risco todo plano profético que existia para aquela família e para uma geração que seria abençoada por aquela aliança, recebendo um legado valioso. Foi necessário que a esposa de Moisés interviesse, de forma ousada e sábia, para poder mudar a história, tirar o protecionismo de cena e ajudar o marido a voltar para o lugar de obediência a Deus.

A Bíblia afirma que uma mulher sábia edifica o seu lar (Provérbios 14:1), e Zípora foi uma representação da mulher mencionada pelo sábio. Em nosso lar, muitas vezes, um dos cônjuges precisará ser o mais sábio, a fim de lembrar o outro de que passar a mão na cabeça dos filhos, fingindo que nada de errado está acontecendo para não entrar em conflito com a criança, é omissão. Esse tipo de comportamento parental interfere na aliança que a família tem com Deus, por isso o compromisso da aliança deve ser colocado *sempre* em primeiro lugar; lembre-se de que algumas coisas são inegociáveis.

Como pais, temos o hábito de tentar proteger tanto, que não damos a nossos filhos a oportunidade de se frustrarem, de errarem, pagarem um preço e aprenderem. Lembre-se de que, para andar, seu filho precisou passar por tudo isso. Sua função durante aquele processo foi apenas apoiá-lo, e continua sendo a mesma. É assim que devemos entender a criação de filhos, e não fazendo por eles. Fomos colocados por Deus na vida deles como um ponto de orientação e apoio, para os guiar e motivar, para que sigam adiante no caminho que Deus traçou para eles e para cumprir o propósito que Deus tinha em mente ao criá-los.

O que você tem feito pelo seu filho que ele deveria fazer sozinho? E não me venha com uma DE, hein. Pegue seu bloco de anotações e escreva aquelas coisas que seus filhos precisam fazer sozinhos, mas você os está impedindo.

NA CRIAÇÃO NÃO TEM TERCEIRIZAÇÃO

Talvez nunca antes em nossa história, tivemos tantas crianças sendo criadas em algum processo, que vamos chamar aqui de *coparticipação*. Nome difícil, parece importante, tem até mais a ver com o ambiente corporativo, empresarial que com a vida familiar, não é? Mesmo sabendo que terceirização, coparticipação ou delegação sejam termos mais usados nos ambientes de trabalho, estamos encontrando essa prática nas famílias dos nossos dias, mais frequentemente do que se pode imaginar.

Com o avanço econômico, a emancipação da mulher e sua ascensão ao mercado de trabalho, isso sem falar no mundo corrido em que vivemos, pai e mãe tentam fazer o possível para construir o melhor do futuro para seus filhos, não é verdade? Talvez até você já tenha ouvido ou falado isso: "Estou correndo para garantir o futuro dos meus filhos".

Curiosamente nos preocupamos tanto com o futuro que nos abstemos de pensar, viver, investir e aproveitar o presente. Sim, pensar no futuro é honroso, precisamos ser prudentes, mas e o tempo presente? Quem é você para seu filho hoje, no presente? Como tem sido a sua participação na vida dele? Viu dar os primeiros passos ou dizer as primeiras palavras? Foi para você que ele mostrou o primeiro dente que caiu? Quem ensinou seus filhos a andarem de bicicleta? Quem estava com eles nas primeiras conquistas e decepções?

Se analisássemos o tempo que você dedica ao futuro e ao presente dos seus filhos, como estaria essa equação? No que você tem investido mais tempo?

A nossa caminhada e experiência com famílias têm mostrado que muita gente está tão envolvida com o futuro dos filhos, que deixa passar a melhor fase da vida deles; não curte os filhos nem aproveita momentos preciosos para conquistar o coração deles; não convive, não cria de verdade.

Em Eclesiastes 3:1, lemos: "Tudo tem o seu tempo determinado, e há tempo para todo propósito debaixo do céu", mas é possível que muitos pais estejam deixando de aproveitar o que seria para esse tempo presente, desgastando-se exageradamente com o futuro.

Muita gente está tão envolvida com o futuro dos filhos, que deixa passar a melhor fase da vida deles.

Por vezes, estamos tão envolvidos em garantir esse "futuro", que talvez só despertemos para a realidade quando pararmos e notarmos que a criança já está saindo de casa porque cresceu e agora está seguindo o seu próprio rumo; ou pior, porque se perdeu nas drogas, na criminalidade ou na prostituição, por não ter sido acompanhada de perto pelos pais, que descuidaram da construção do legado.

Nesse "admirável mundo novo", os pais têm terceirizado a criação dos filhos; muitas vezes, para uma babá ou secretária do lar, ou para os avós, a escola ou mesmo para a igreja, imaginando que essas pessoas e instituições podem substitui-los, suprir sua presença na vida dos filhos, já que precisam trabalhar e estão ocupados demais com a corrida pelo futuro dos filhos. Avós, igreja, escola e babás têm uma função importante na vida dos filhos, mas a responsabilidade pela criação deles é dos pais; isso não se delega, faz parte do processo de alimentação e construção de seu legado.

Muitas famílias estão como um barco à deriva, porque os pais terceirizaram a educação dos filhos; alguns a delegaram inclusive para a TV, os serviços de *streamings* e o celular. Há mães que, cansadas de tantas outras demandas, já não brincam mais com os filhos e, para compensá-lo ou para ter alguns momentos de sossego, entrega a eles um celular ou um tablet, sem sequer supervisionar o que a criança está acessando e assistindo; deixa-o por conta dessa babá virtual até que adormeça. Isso ocorre mais frequentemente do que pensamos. Não é assim?

E você? Como administra o seu tempo? Como o tem investido?

No círculo a seguir, que lembra uma pizza, desenhe ou escreva a "fatia de tempo" que tem dedicado para coisas relacionadas ao futuro de seus filhos, trabalhando para gerar uma tranquilidade para o futuro deles. A fatia que sobrar indicará quanto tempo você está investindo no presente deles.

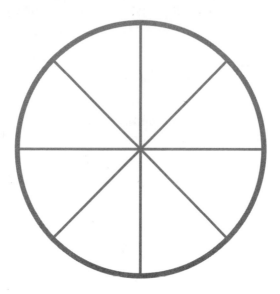

O que você tem perdido da vida do seu filho por terceirizar algo que você deveria fazer com e por eles ou por não dedicar tempo suficiente para acompanhá-los nas etapas da vida? Quais atividades (que têm a ver com o futuro) você pode mudar em seu dia a dia, que lhe permita participar mais do tempo presente da vida de seus filhos?

Não se esqueça de ir anotando tudo, para fazer um balanço final ao término da leitura deste livro.

CAUSA E CONSEQUÊNCIA

Um dos versículos bíblicos que mais nos chama a atenção é Gálatas 6:7. O texto afirma que tudo o que plantarmos colheremos. Há uma frase inspirada nesse versículo de que também gostamos muito: "Se você está reclamando do que está colhendo na vida, olhe para trás e veja o que você plantou". É com base nesse exemplo que precisamos avaliar os resultados, na vida de nossos filhos, de cada atitude ou omissão nossa, e de como elas impactam ou influenciam nosso legado. Entre conosco nessa história:

> *Se você está reclamando do que está colhendo na vida, olhe para trás e veja o que você plantou.*

Um filho e seu pai caminhavam pela montanha. De repente, o menino cai, machuca-se e grita:

— Ai! — Para sua surpresa, o menino escuta sua voz se repetindo em algum lugar da montanha:

— Ai! — Curioso, ele pergunta:

— Quem é você? — E recebe como resposta:

— Quem é você? — Contrariado, grita:

— Seu covarde! — E escuta como resposta:

— Seu covarde! - O menino olha para o pai e pergunta-lhe, aflito:

— O que é isso? — O pai sorri e lhe diz:

— Meu filho, preste atenção. — Então o pai grita em direção à montanha:

— Eu admiro você! — A voz responde:
— Eu admiro você! — De novo, o homem grita:
— Você é um campeão! — A voz responde:
— Você é um campeão! — O menino fica espantado. Não entende. E seu pai lhe explica:
— As pessoas chamam isso de "Eco", mas, na verdade, é a "Vida". E o pai continua:
— A vida lhe dá de volta tudo o que você diz, tudo o que deseja de bom ou de mau aos outros. A vida irá devolver-lhe toda a blasfêmia, inveja, incompreensão e falta de honestidade que desejou às pessoas que o cercam. Nossa vida é, simplesmente, o reflexo das nossas ações. Se quiser amor, compreensão, sucesso, harmonia, fidelidade, plante-os no seu coração. Se agir assim, a vida irá lhe dar felicidade, sucesso e o amor das pessoas que o circundam.

O menino entendeu algo naquele momento, que se levado à frente pode definir a forma como ele vai plantar e o que ele irá colher por toda sua vida.

Devemos deixar claro para as crianças, que existem consequências para as decisões que tomamos, sejam elas boas ou ruins, e que, quando evitamos nos posicionar conscientemente, também há consequências. Que o universo continua girando, o que significa que onde semearmos é ali também que colheremos, e colheremos exatamente o que tivermos plantado, seja algo bom ou ruim para nossa vida.

É muito melhor que nossos filhos aprendam isso na segurança do lar e no aconchego da família, e não que o aprendam de um modo muito mais doloroso, enfrentando e tendo de lidar fora de casa e do seio familiar com as consequências muito mais sérias. Você é livre para escolher que sementes plantar, mas é escravo daquilo que colherá.

DARRELL

Eu me lembro de uma das primeiras conversas com minha filha Emilly, quando lhe expliquei esse princípio. Ela havia entrado na adolescência e estava com idade entre 12 e 13 anos de idade.

Nessa fase de início da adolescência, os jovens querem descobrir o mundo, viver novas experiências e aprender mais e mais. No entanto, se eles têm bem claro na mente e na vida o princípio descrito em Gálatas 6:7, tudo ficará mais fácil.

Sei que o mundo ofereceu a ela mil e uma oportunidades, mas ter descoberto esse princípio logo cedo e o seguido a protegeu de muitas armadilhas que lhe foram oferecidas pelo mundo, com objetivo de destruir sua trajetória, impedindo-a de seguir "no" caminho de construir um legado que abençoe as próximas gerações. Hoje Emilly já é casada e está formando a sua família.

É importantíssimo que ensinemos aos nossos filhos, desde muito cedo, a dinâmica inevitável de *causa* e *consequência*, pois se não aprenderem enquanto ainda são criança, terão muito mais dificuldades depois.

Então, se seu filho está bravo e jogou o brinquedo na parede e quebrou, ele vai ficar sem o brinquedo. Jogou, quebrou, perdeu. Você tem de mostrar a ele que a atitude dele ocasionou aquela perda. Se ele não estudar, tirará nota baixa em uma prova e isso irá prejudicá-lo nas férias ou no final de semana, quando terá de estudar ao invés de brincar. Mesmo que, às vezes, possa doer e que, especialmente, as mães sofram com as experiências dolorosas de seus filhos, é necessário lembrar que é melhor que eles aprendam agora.

Entender as causas e consequências de forma natural tem potencial de mostrar ao seu filho que a vida é feita de escolhas e que ele deve ser o maestro de sua própria vida. E assim, toda vez que escolher certo, colherá o melhor.

A melhor maneira é *agir sempre rápido e deixar claro para os filhos que tal ação gerou uma consequência.* Aqui em casa, é a forma que mais utilizamos. Sempre que eles querem fazer algo errado explicamos as consequências daquela decisão.

O que é bem diferente do castigo muito usado antigamente. O castigo paralisa e cria revolta, já sofrer a consequência dá a criança a oportunidade de refletir sobre o ato e buscar a reparação do ocorrido.

MÁRCIA

Um dos casos clássicos de que me lembro foi quando nosso filho, Dyllan, que na época devia ter uns 8 anos, não quis comer feijão no almoço. Ele, como garoto "esperto" que tenta manipular os pais, comeu apenas o macarrão e falou: "Mãe eu não aguento mais, se eu comer esse feijão eu vou vomitar".

Conhecendo-o como conheço e sabendo que ele ama massa e não gosta nem um pouco de feijão, expliquei para ele as consequências daquilo:

— Filho, apenas lembre que, quando for vomitar não pode fazê-lo na mesa, tem que ir para o banheiro. Além do mais, quem vomita não pode ir passear no shopping com os avós. Terá de ficar em casa, deitado e repousando, porque não vou deixar uma criança vomitando ir ao shopping.

Era um almoço de família no sábado. Você acha que ele deixaria de ir ao shopping? Claro que não, né! Ele entendeu que aquilo geraria uma consequência e que deixar de ir ao shopping seria um preço alto demais que ele não estava disposto a pagar, e por isso comeu todo o feijão.

Não precisei brigar com ele, não precisei obrigá-lo nem ser permissiva o ponto de concordar que ele não comesse algo que faria bem para a sua saúde. O que fiz foi dar a ele a opção de escolher e saber as consequências de sua escolha.

Outra situação ainda mais clara e clássica na vida de pais que tem dois filhos do mesmo sexo e com idades próximas são as brigas no carro. E no nosso caso, isso acontecia muito. Quem não passou por isso?

Os dois brigam, você reclama, eles param, você continua a dirigir e rapidamente eles voltam a brigar novamente, até que um dos dois chora e faz a reclamação.

Certo dia, resolvi usar o recurso de causa e consequência com eles. Estávamos indo para um de nossos passeios ao cinema, e eles começaram a "sessão UFC". Darrell Filho, na época com 10anos, e Dylan, com 7, iniciaram uma sucessão de rounds no carro, enquanto eu reclamava sem muito sucesso. A certa altura, expliquei a eles que se houvesse mais um round daquela "brincadeira" deles, eu voltaria para casa e todos nós perderíamos nossa ida ao cinema.

Claro que, em pouco tempo, eles esqueceram, ou não acreditaram, no que eu havia dito e voltaram a brigar. Estavam tão entretidos na briga que nem notaram que eu fiz o retorno para casa. Ao chegar no nosso prédio, quando buzinei, eles espantaram-se: "Mãe, esqueceu alguma coisa? Vamos perder o cinema", e eu disse: "Não esqueci nada, vocês que escolheram não ir mais para o cinema na hora que brigaram".

SEM ÔNUS ▶ SEM BÔNUS

CAUSAS	CONSEQUÊNCIAS
1. Chora, ganha o que quer	Vira um chantagista emocional
2. Ajuda lavando a louça	Terá um lar asseado
3. Ajuda a cozinhar	Aprende que o melhor não vem pronto
4. Repreende com carinho e amor	Entende que a correção não é algo ruim
5. Agradece na hora das refeições	Aprende que tudo vem de Deus

Se dermos tudo o que os filhos querem, comprometeremos o legado.

Quer um segredo para estragar seu filho? Na infância, dê a ele tudo o que pedir. Se você fizer isso, quando ele crescer acreditará que o mundo tem a obrigação de lhe dar tudo o que ele deseja e, obviamente, será um adulto frustrado.

Temos certeza de que você conhece esse segredo. Mesmo assim, temos visto muitos pais e mães que continuam incorrendo nesse erro. São pais que se transformam no "gênio da lâmpada", uma espécie de poço dos desejos, para atender aos desejos de seus filhos. Claro que muito desse procedimento parental tem a ver com a necessidade de suprir, com as privações que tiveram na infância, ou mesmo com algo que ele está deixando de dar (em termos afetivos) e quer suprir de outra forma na vida do filho. Talvez você tenha na ponta da língua uma DE do tipo: "Mas passamos tanto tempo longe dele por causa do trabalho, que quando ele nos pede algo nos sentimos na obrigação de atendê-lo" ou "O bichinho fica tanto tempo longe da mãe...".

Ok, não se pode negar que essa seja uma boa DE mas, se agirmos dessa forma, criaremos um jovem egocêntrico, interesseiro e que provavelmente apresentará quadro depressivo aos primeiros baques que levar na vida, e isso poderá comprometer totalmente seu futuro legado. Isso, sem falar, do apelo da mídia bombardeando nossos filhos para os tornar cada vez mais consumistas. As propagandas de chocolate, iogurte, roupas, brinquedos, mesmo de forma lúdica, sempre levam a ideia de que eles podem, eles merecem e eles precisam, que só serão felizes se consumirem o que está sendo ofertado.

As crianças não têm condições de discernir se elas realmente precisam ou não de algo, e com isso, desejam tudo aquilo que veem. Se os pais não colocarem os limites necessários, mais adiante teremos um adulto com dificuldades para gerir sua vida financeira, muitas vezes, comprando mais do que pode pagar.

Para que você tenha ideia, uma criança de até 6 anos não sabe diferenciar um programa de televisão de uma propaganda, enquanto as crianças com até 12 anos não são capazes de compreender com clareza o objetivo de uma propaganda. Com isso, ao final das repetidas propagandas, a criança fica só repetindo para os pais: "eu quero isso", "eu quero aquilo".

Os pais, geralmente, são rápidos em dizerem "sim", para se livrar dos filhos; afinal, o pai está ocupado com assuntos relacionados ao futebol e ao jogo de seu time ou aos problemas do trabalho; e a mãe quer atualizar-se a respeito das conversas em seus grupos de WhatsApp ou está correndo para preparar o jantar. Fazer o que a criança quer naquele momento é a coisa mais fácil de ser feita. Entretanto, como acontece com tudo na vida: soluções fáceis cobram caro; haverá um preço alto a ser pago lá na frente.

Em muitas famílias, tem acontecido algo que já se tornou um ritual:

> O pai diz "não" ▶ o filho chora ▶ o pai cede.

Uma criança mimada gera um adulto, muitas vezes, mau caráter, impulsivo, manipulador e oportunista. Duvida? Desafio você a observar pessoas adultas à sua volta que apresentam essas características. Pergunte a elas: Como você foi criada? Certamente a resposta evidenciará, de alguma forma, que foi esse o legado que os pais deixaram para elas. Triste, mas absolutamente real.

A RESPONSABILIDADE VEM ANTES DO PRIVILÉGIO

Muitos pais buscam dar aos filhos o que eles querem, mas se esquecem de dar a eles aquilo de que precisam. Um grande exemplo a não ser seguido é o do sacerdote Eli, retratado no livro de 1Samuel. A Bíblia se refere aos filhos dele como sendo perversos e não conhecedores do Senhor (1Samuel 2:12). Mesmo vivendo na casa do Senhor, eles não temiam a Deus, e Eli falhou miseravelmente na disciplina deles com seu comportamento permissivo.

> *Muitos pais buscam dar aos filhos*
> *o que eles querem, mas de esquecem de dar*
> *a eles aquilo de que precisam.*

Eli sabia o que seus filhos faziam (1Samuel 2:22), mas não os impediu; ao contrário, os deixou em posições de destaque, mimando os filhos. Eli era um grande líder religioso, havia sido juiz de Israel durante 40 anos, mas não soube direcionar seus filhos e teve o seu fracasso como pai repercutindo em seu ministério. Por conta de haver mimado os filhos, Eli perdeu seu trabalho, o respeito das pessoas e até a própria vida (1Samuel 4:18).

Apesar de ensinar bem os de fora, Eli falhou em ensinar os de casa. Talvez por se ocupar tanto em sua profissão, esqueceu os de sua casa e, para suprir sua falta, tenha tentado compensá-los mimando os filhos. O resultado não poderia ser pior. Em 1Samuel 3:13, por intermédio do jovem Samuel, o Senhor envia uma mensagem a Eli, dizendo: "Eu lhe disse que ia castigar a sua família para sempre porque os seus filhos disseram coisas más contra mim. Eli sabia que eu ia fazer isso, mas não os fez parar".

Não sabemos se você tem mimado seus filhos e o quanto isso pode vir a ser prejudicial na vida deles, mas é muito importante que você se autoavalie e, se estiver procedendo dessa forma, pare e comece a construir algo novo.

#PraPensar

- O que você tem tolerado dos seus filhos, que se fosse de outra pessoa você não toleraria?
- Os filhos de Eli eram um exemplo de filhos que não ouvem a voz do pai (1Samuel 2:25). E os seus filhos, como são? Eles lhe dão ouvidos?
- Que atitudes você pode tomar a partir de agora para assumir as rédeas dessa situação específica e conseguir

que seus filhos mudem de postura em relação a você e comecem a lhe dar ouvidos?

E para nos mantermos firmes no propósito de construir um legado que abençoe as próximas gerações, no próximo capítulo falaremos a respeito de hábitos negativos que temos e que podem comprometer o legado que deixaremos para os nossos filhos e também o legado que eles deixarão para as próximas gerações.

A boa notícia é que tem como mudar esses hábitos, substituindo-os por outros muito melhores. Basta você entender que é necessário. Vamos lá!

Compromisso de mudança

Antes de partir para o próximo capítulo, não se esqueça de juntar aqui seus selos de compromisso. Ao final do livro, verá quantos compromissos você tem a cumprir. Mãos à obra!

EXEMPLO: Eu me comprometo a criar meus filhos com bons exemplos, para construir um legado sólido para eles.

1. Eu me comprometo a _____

2. Eu me comprometo a _____

3. Eu me comprometo a _____

4. Eu me comprometo a _____

5. Eu me comprometo a _____

Dica de filme

UM SONHO POSSÍVEL

Sim, existem sonhos possíveis. Este filme, baseado em uma história real, mostra a vida de Michael, um jovem negro e proveniente de uma família disfuncional. A vida dele é transformada quando é percebido por Anne, que passa a direcioná-lo, mudando completamente o seu futuro. É uma verdadeira aula de solidariedade, amor, caridade e dedicação de uma mãe. Você aprenderá a como superar suas dificuldades, deficiências e voltar a acreditar, mesmo quando todas as possibilidades e circunstâncias ao redor dizem não.

Novos hábitos, novos resultados

E, na verdade, toda a correção, ao presente, não parece ser de gozo, senão de tristeza, mas depois produz um fruto pacífico de justiça nos exercitados por ela.
HEBREUS 12:11

Não há nada mais trágico neste mundo do que saber o que é certo e não o fazer. Que tal mudarmos o mundo começando por nós mesmos?
MARTIN LUTHER KING

Hebreus 12:11 diz que toda correção, no momento em que é feita, produz tristeza e é desagradável, mas que, no final, resultará em bons frutos. Existem coisas que fazemos diariamente, na correria do dia a dia, quase por osmose, sem parar para refletir a respeito da qualidade das sementes que estamos plantando ao longo do caminho e de quão importantes elas são para a construção ou destruição do nosso legado e o de nossos filhos.

Assim sendo, é importante reservarmos um momento da manhã ou da noite para pensarmos a respeito dos acontecimentos do último dia que envolveram nossos filhos, o que foi positivo, o que foi negativo, e como podemos transformar os fatos negativos em positivos dali para frente. Nossa sugestão é que você vá anotando tudo, pois aquilo que escrevemos podemos analisar melhor e reter na memória.

Com esse exercício você verá que alguns dos fatos negativos que ocorrem com os filhos podem ter sido originados pela nossa própria semeadura, exemplos que eles copiaram de nós e que tiveram resultados destrutivos na vida deles.

OS PAIS NÃO PODEM FAZER PELOS FILHOS AQUILO QUE ELES PODEM FAZER SOZINHOS

Fazer por seus filhos o que eles podem fazer sozinhos é uma forma de destruir o futuro deles, sem que você perceba.

Confira abaixo alguns exemplos de hábitos que acontecem em algumas famílias e podem destruir um legado. Veja se você se identifica com algum deles.

Em mais um dia da semana, Joãozinho, de 8 anos, chega da escola, suado, descabelado. Ainda com aquela energia vibrante de uma criança saudável, vem arrastando sua mochila pela sala. Ao chegar perto do corredor do quarto deixa ali mesmo a mochila, e corre para ligar seu tablet e jogar seu joguinho favorito.

Ali na porta já tinha deixado seu tênis, e logo sua mãe Joana, grita da cozinha: "Joãozinho não esquece de tirar essa roupa suja antes de se deitar na cama".

Joãozinho, vidrado no jogo, tenta com uma mão só, tirar a blusa, e meio sem jeito joga o uniforme perto da porta do banheiro, puxa a bermuda até embaixo, e ainda com os pés empurra para perto da cama. Agora, apenas de cueca, ele já tirou a roupa suja e pode se deitar na cama para continuar jogando.

O rastro de que Joãozinho chegou está por toda a casa, e mais uma vez sabe quem vai apanhar todas as peças? Está claro que é dona Joana, que assim comprometerá o legado que deixará a seu filho, pois sendo permissiva, certamente o filho não aprenderá sobre responsabilidade.

Em outra casa...

Amanda, de 14 anos, entra em casa perguntando: "Mãe tá pronto meu almoço, tô com muita fome?". Dona Irene, sua mãe, responde: "Sim filha, já vou esquentar e colocar na mesa, pode vir".

A filha após passar em seu quarto, deixar a mochila e pegar seu celular, vai até a cozinha. Ao entrar cumprimenta a mãe com um "oi", e se senta à mesa, já acessando o seu dispositivo móvel e vendo as novas atualizações de sua rede social preferida. Entre risos e dedinho teclando animada, ela nem percebe quando o prato já está pronto à sua frente.

Dona Irene fala "Menina, seu prato já está na sua frente, come se não vai esfriar". Nisso, Amanda olha para o prato e começa a almoçar, com uma mão no garfo e outra no celular, sua forma peculiar de comer ultimamente.

Algum tempo depois levanta, deixa o prato na mesa e quando a mãe percebe que ela já está no corredor, avisa: "Vê se larga esse celular e vai estudar um pouco Amanda, a vida não é o celular".

Dona Irene, em meio as atividades de casa, agora vai tirar o prato de Amanda da mesa, e vai lavar toda a louça, para começar a preparar o jantar. Amanda, claro, tem centenas de mensagens em seu WhatsApp para responder e está muito ocupada agora.

Duas cenas super comuns dentro dos lares nos dias atuais, mas não normais. Situações que talvez você já tenha vivido, mas que usamos de exemplos para aprendermos sobre o que não devemos fazer com nossos filhos, e que podem nos induzir a mudar hábitos permissivos que tenhamos.

Lembre-se: Tudo o que seu filho pode fazer e você faz por ele, você está ensinando que ele pode jogar as responsabilidades dele sobre os outros, fragilizando seu legado e o das próximas gerações.

A filha que não consegue nem tirar o seu prato da mesa, que é superprotegida pela mãe e que nunca lavou a louça terá muitas dificuldades na vida adulta ao receber ordens, ao assumir compromissos, e provavelmente seu legado será muito pobre.

O filho que deixa tudo bagunçado pela casa para a mãe recolher será um adulto sem autonomia; não terá confiança em si próprio; terá a vida financeira e a profissional e os relacionamentos desorganizados. Será alguém incapaz de mudar, pois sempre estará à espera de que a mãe apareça para colocar tudo em ordem. Que legado esse filho deixará para os filhos dele e seus netos?

Quando você faz algo por seu filho que ele seria capaz de fazer sozinho, você está criando um aleijado emocional, que lá na frente sofrerá muito quando não tiver mais o papai ou a mamãe para fazer por ele. Portanto, chegou a hora de mudar esse comportamento.

Quando você faz algo por seu filho que ele seria capaz de fazer sozinho, você está criando um aleijado emocional.

Talvez você pense: "Isso é besteira". Será? Ou é mais uma de suas DE para não fazer o que precisa ser feito?

Anote no seu bloquinho:

- Que novas responsabilidades você pode delegar a seus filhos?
- Que atitudes você precisa mudar em si para que isso surta efeito em seus filhos, e, lá na frente, eles sejam adultos mais responsáveis?

APRENDENDO A ANDAR DE BICICLETA

Você provavelmente deve saber andar de bicicleta, mas se não souber pelo menos entende como funciona. Talvez você até se lembre de quando aprendeu ou mesmo quando ensinou seu filho a dar as primeiras pedaladas. No começo, ainda o velocípede (pense numa coisa antiga!), depois a bicicleta um pouco maior e com duas rodinhas de apoio. Com o passar do tempo era normal tirarmos uma rodinha, até que chegávamos no ponto mais importante, talvez um dos mais marcantes da vida de uma criança: andar de bicicleta sozinha. Quem não passou por isso?

Relembre a cena: você segurando no assento e no guidom da bicicleta do seu filho, enquanto ele dava aquelas pedaladas desajeitadas e você dizendo: "Vai filho, você consegue", "O papai tá aqui", "Não se preocupa que você não vai cair, eu seguro você". Se seu filho era mais agitado, nessa hora ele já estava pedindo: "Me solta pai. Deixa que eu vou sozinho", mas se tinha perfil mais calmo, ficava olhando para trás e falando "Não me solta não, viu pai".

De uma forma ou de outra, o certo é que para ele aprender você precisou soltar. Pois se você não tivesse soltado o banco e liberado o controle do guidom ele nunca teria aprendido. Hoje seu filho pedala porque um dia você o soltou.

Muitos pais e mães impedem que os filhos sejam preparados para as adversidades da vida, e lá na frente pagam um alto preço. O caso supercomentado do filho pródigo, narrado em Lucas 15:11-32, pode nos ensinar muito sobre isso. Um trecho diz: "... Um homem tinha dois filhos. Disse o mais moço a seu pai: meu pai, dá-me a parte dos bens que me toca. O pai repartiu os seus haveres entre ambos. Poucos dias depois o filho mais moço, ajuntando tudo o que era seu, partiu...".

O pai poderia ter impedido o filho de partir, poderia ter tido outra postura, feito outro tipo de ação paternalista e protetora. Entretanto, ele entendeu que o filho precisava errar para aprender e começar a mudar seus valores.

Agora, leia Lucas 15:11-32 e relembre a história toda. Você pode estar fazendo a seguinte pergunta: por que o pai não tomou medidas para impedir o filho de fracassar? Como vimos no texto, ele deixou o filho ir e, por conta disso, o filho terminou em meio aos porcos. Algo que, sem dúvida, ninguém sonha para o filho.

O fim da história, porém, ensina que ter deixado o filho partir, andar com as próprias pernas e até cair foi importante para formar um novo caráter na vida do filho.

#PraPensar

- O que você não tem permitido que seu filho(a) faça sozinho e que está na hora de você deixar que ele(a) faça, a fim de aprender lições preciosas?
- Quais coisas você ainda faz por seu filho e que você decide, agora, deixar que ele faça sozinho, para que ele cresça e aprenda?

QUAL É O SEU FAVORITO?

Você já ouviu alguém dizer: "O meu o caçula é meu xodó?". Não caia nessa. Se você tem um filho favorito você está dizendo para o outro filho, que ele não é importante: "Para mim, seu irmão é melhor do que você". Pode até acontecer do pai ter afinidade com um dos filhos, e a mãe, com o outro, mas afinidade não é favoritismo, e demonstrar favoritismo por um filho pode prejudicar bastante o outro filho.

Preferir um em detrimento do outro é a melhor forma de você criar traumas, sentimento de rejeição e crenças limitantes que marcarão não apenas a vida do filho preterido como também do dito preferido.

A Bíblia traz um exemplo muito claro dos impactos do favoritismo em uma família e na vida dos filhos. Referimo-nos à família de Isaque e Rebeca, cuja história está registrada em Gênesis 25:19-26. O casal, por conta de favoritismo, terminaram jogando um filho contra o outro. Vejamos:

De um lado estava Isaque, que amava Esaú, um exímio caçador; do outro, Rebeca, que amava Jacó, um homem pacato e caseiro.

O verso 28 diz: "Isaque amava a Esaú, porque se saboreava de sua caça; Rebeca, porém, amava a Jacó". Qual o resultado disso? Conflitos, mentiras, acobertamento de erros, um cisma e rompimento na harmonia familiar.

Se a realidade experimentada na família de Isaque e Rebeca é a que você vive em sua casa, chegou a hora de dar um basta nessa situação. Competição e rivalidade entre irmãos não é algo saudável. Um lar de verdade é um ambiente em que todos precisam se sentir acolhidos, cuidados e amados. Claro que cada um é um ser único e tem suas peculiaridades, seus costumes, hábitos e um jeito de ser único. É possível que tenhamos mais afinidade com um membro ou outro da família, inclusive com um dos filhos, e os pais devem, sim, estar atentos a todas essas questões; contudo, isso não é justificativa para pais amarem mais um filho que outro, ou preferir um em detrimento do outro.

Se você ainda pensa que pode amar um filho mais que outro, considere o seguinte: Deus é o seu Pai, o nosso Pai. Você acha que ele ama você mais que a qualquer outro de seus filhos? Obviamente que não! E, como pais, é assim que devemos ser.

Muitos filhos e filhas crescem sentindo-se rejeitados porque foram preteridos por seus pais, e aquele sentimento de rejeição foi criando raízes no coração dessa criança, destruindo-a aos poucos e levando-a a, no futuro, sofrer com baixa autoestima.

Segundo a psicóloga Ellen Lyby, nessa guerra nunca haverá vencedores. Ela diz:

> Esse "menino de ouro" aprende a ter todos os seus desejos atendidos pelo pai ou pela mãe e se torna um mestre na arte da manipulação. Outras vezes, o preferido pode se sentir sufocado pelo excesso de atenção. Já o filho que viu todos os benefícios irem para o irmão, cresce inseguro e pensa: se nem os pais o amaram, como conseguirá a atenção das outras pessoas?[8]

A predileção pode criar marcas que talvez você nem perceba, mas que cobrarão um preço alto lá na frente.

Na universidade de Denver, nos Estados Unidos, uma pesquisa feita com 136 pares de irmãos revelou os perigos dessa preferência. A coordenadora da pesquisa, Clare Stocker diz: "Agressividade e comportamento destrutivo e antissocial apareceram com maior frequência entre as crianças que falavam que os pais favoreciam o irmão"[9]. Portanto, lembre-se: *nenhum membro da família pode ser mais importante que a família toda.*

#PraPensar

- Olhando para sua infância, você identifica algum tipo de problema acarretado pela preferência de seus pais por você ou um de seus irmãos?
- Em sua nova família, aquela que você formou, você se lembra de algum problema causado por sua preferência, ou de seu cônjuge, a um de seus filhos?
- Quanto você acha que isso pode marcar a vida de seu filho ou filha e impactar o futuro dele ou dela?
- O que você pretende fazer para mudar isso? Que atitudes práticas tomará?
- Rebeca sugeriu a seu filho que enganasse o pai. Em algum momento ou situação, você sugeriu ou insinuou a seu filho que mentisse ou escondesse algo do seu cônjuge?

Agora, apresentaremos uma ferramenta poderosa sobre favoritismo relacionado aos filhos. Se você for sincero no preenchimento dela, ela irá ajudá-lo(a) a avaliar, da forma certa, se você tem favorecido um de seus filhos e em que grau.

QUADRO DE ANÁLISE DE FAVORITISMO PARENTAL

Perguntas para crescimento	Escolha de 1 a 5 de acordo com sua realidade: 1 = nunca 2 = raramente 3 = às vezes 4 = com frequência 5 = sempre
Dou espaço de fala igual a todos os meus filhos, mesmo quando um deles vem reclamar de alguma briga?	1☐ 2☐ 3☐ 4☐ 5☐
Tenho resistido à pressão de amar/beneficiar um filho em detrimento do outro?	1☐ 2☐ 3☐ 4☐ 5☐
Tenho cuidado para não dar alguma coisa ao filho mais novo, antes de dá-la ao mais velho?	1☐ 2☐ 3☐ 4☐ 5☐
Sempre que dou um presente para um filho, faço a mesma coisa para os outros?	1☐ 2☐ 3☐ 4☐ 5☐
Às vezes, saio só com um filho?	1☐ 2☐ 3☐ 4☐ 5☐
Equilibro as tarefas que passo para eles?	1☐ 2☐ 3☐ 4☐ 5☐
Procuro ser justo(a), colocando os filhos na cama na mesma hora de acordo com faixa etária?	1☐ 2☐ 3☐ 4☐ 5☐
Nas refeições, coloco primeiro o prato do(a) filho(a) mais novo(a)?	1☐ 2☐ 3☐ 4☐ 5☐
Quando encontro amigos, sempre apresento primeiro um dos filhos, enaltecendo algo que ele faz?	1☐ 2☐ 3☐ 4☐ 5☐

MAS EU CRIEI MEUS FILHOS DA MESMA FORMA

Você já deve ter ouvido algo assim: "Eu criei esses meninos igualmente, dei tudo igual: a mesma educação, o mesmo colégio, tudo direitinho. Um saiu de um jeito e outro foi tão mal que não teve nada que desse jeito". No entanto, como tratar os dois iguais, se as pessoas são diferentes?

Muitos pais confundem dar os mesmos direitos com tratar da mesma forma. Como pais, precisamos, sim, oferecer as mesmas condições aos filhos, apoiá-los e não os descriminar; mas, apesar disso, não podemos pensar que eles sejam robôs. Eles não foram gerados em uma linha de produção, todos iguais. Eles são diferentes. Únicos.

Você bem sabe o quanto seus filhos são diferentes um do outro. Então, um filho mais pacato e calmo precisará que você o estimule de forma mais incisiva e insistente; ele precisará que você o impulsione a brincar, passear, interagir com outros amigos, ao passo que um filho mais agitado e com iniciativa própria, de vez em quando, precisará de freios, de limites mais impositivos para que se aquiete um pouco, que aprenda a lidar com tédio e solitude, e não precise de estar a mil por hora o tempo todo, brincando e estando rodeado de amigos a cada momento.

Você pode até querer que, na escola, seus filhos tenham o mesmo empenho, o mesmo horário de estudo, que frequentem e prestem atenção às aulas, façam suas tarefas de casa. Isso é um desejo comum dos pais. Mas você nunca poderá exigir de todos os seus filhos que tenham o mesmo desempenho; mesmo quando o assunto são os esportes, por mais que eles frequentem a mesma escolinha de futebol ou natação, cada um terá um desempenho diferente.

Dessa forma, policie-se para não fazer comparação entre seus filhos. Evite aquele velho erro de dizer: "O seu irmão faz tudo certo, já você...". Isso é algo desastroso e que seus filhos não precisam ouvir de você, pois só marcará negativamente a vida deles.

A IMPORTÂNCIA DAS TRADIÇÕES PARA O LEGADO

DARRELL

Tenho muitas lembranças da casa dos meus avós. Para mim sempre foi uma casa enorme, mas parecia um "pequeno mundo meu", onde eu pude viver várias experiências, brincar em locais completamente diferentes, como a casinha sobre o pé de jambo, e assar castanhas em cima da garagem. Brincava com o jabuti, alisava o cachorro, olhava os pássaros em um enorme viveiro que meu avô tinha... Todas essas foram experiências que, durante minha infância, me envolveram em um mundo mágico chamado "casa dos avós".

Hoje, quando passo por aquela antiga casa, consigo observar que ela não era tão grande assim. Continua no mesmo lugar, sem nenhuma reforma, e meus avós, falecidos, já não estão lá, mas o que marcou minha vida e sempre me vem à memória é o quanto nossa família se reunia naquele lugar, o quanto aqueles momentos ao redor da mesa eram valorizados por todos nós, principalmente pelos meus tios e meu pai, que tinham como prioridade, no domingo, aquele almoço na casa dos meus avós.

No mundo de hoje, dito "conectado", o que menos temos visto são cenas como essas. Alguns memes compartilhados nas redes sociais mostram imagens de famílias reunidas, nas quais cada um está em seu celular, e o avô ou avó, sozinho sem atenção dos demais. A meu ver, esse é um preço muito alto que pagamos por abusar da tecnologia e usá-la descontroladamente, sem qualquer critério. Lembre-se de que tradição também é legado, e evite esse tipo de situação em sua casa. Combine com os filhos que o almoço de domingo tem de ser um tempo reservado para a família, sem celulares, um momento especial só para interagir presencialmente e colocar a conversa em dia.

Falando a respeito desse assunto, o pastor e escritor Josué Gonçalves comenta: "As tradições têm a ver com a identidade da família e são fundamentais para manter seus membros unidos". Segundo ele, as tradições nutrem nossa consciência coletiva, a nossa vontade social e o nosso sentido de propósito da família[10].

Na infância que eu vivi, todos ficávamos ao redor da mesa em que meus avós estavam. Todos queriam ouvir as histórias contadas por eles e sua sabedoria e compartilhar aquele momento singular.

Talvez hoje você não viva mais isso em sua casa. Talvez até haja uma DE, com discurso de que as coisas mudaram e os tempos são outros. Claro que mudaram, tudo muda. Mas é claro, também, que quando você for avô e avó (pode até ser que você já exerça essa função neste momento), você vai querer, sim, viver essa mesma experiência. Você vai querer, sim, que sua família se reúna, que vocês tenham momentos de comunhão, crescimento e aprendizado juntos. Faz sentido?

Entretanto, se você não começar agora a construir isso na mente dos seus filhos, se você hoje não tiver o hábito de fazer isso com seus pais, com seus tios, eles não irão fazer isso com você. Porque, independentemente de você querer ou não querer, envelhecerá; seus filhos crescerão. Eles seguirão a ordem bíblica e "deixarão pai e mãe", se unirão aos seus cônjuges e formarão uma nova família (Gênesis 2:24). O quanto essa nova família estará ou não ligada a você, fará ou não parte do seu dia a dia, depende do que você está fazendo agora. Portanto, valorize as tradições.

O escritor Stephen Covey afirma que:

> As tradições nos ajudam a compreender quem somos: que somos parte de uma família que constitui uma unidade forte, que nos amamos mutuamente, que respeitamos e honramos uns aos outros, comemoramos os aniversários de cada um e os eventos especiais,

e criamos memórias positivas para todos. Por meio das tradições, reforçamos a conexão da família.[11]

Precisamos unir nossa família, de forma que nossa casa seja um refúgio contra esse mundo turbulento e complicado, um local para o qual nossos filhos queiram voltar sempre e no qual se sintam seguros e felizes. Quando uma família cria a cultura de respeitar e proteger as tradições, ela fica muito mais unida, o senso de pertencimento é maior e, claro, o lar fica mais aconchegante. Por consequência, o nível de compromisso é maior, os filhos entendem que não estão sós e começam a viver uma identidade própria daquela família.

VOCÊ NÃO PODE ABRIR MÃO DESSAS TRADIÇÕES!

Se desejamos criar filhos para Deus, conforme os planos de Deus, é muito importante que protejamos as tradições. As tradições têm o poder de criar memórias.

A seguir sugerimos algumas tradições que você deve defender e lutar para manter em sua família. Algumas delas serão diárias, outras, semanais ou anuais, como nas férias. O mais importante é que haja tradições em sua família.

Exemplos de tradições

- **Irem ao culto ou à missa juntos:** ter esse tempo de adoração a Deus em uma igreja faz vocês serem parte do Corpo de Cristo, e criar esse hábito desde cedo ajudará seus filhos a continuarem amando a igreja do Senhor quando forem adultos.
- **Orarem antes de dormir:** ore com seus filhos. Aproveite esse momento para impor as mãos sobre eles e os abençoar.
- **Fazer refeições à mesa:** esforce-se, priorizando esse momento. Mesmo que tenham de fazer uma ou outra refeição um pouco mais tarde, para esperar alguém chegar, ter todos juntos à mesa é fundamental, mesmo que não seja possível fazer isso todos os dias.

- **Orar antes das refeições:** de você não criar o hábito de agradecer, seus filhos não aprenderão a ser gratos e acreditarão que o alimento à mesa é fruto exclusivo do trabalho das pessoas — hoje dos pais, amanhã, deles próprios.
- **Cantar músicas juntos:** nascemos para adorar. Todos precisamos de ter esse hábito, cultivando momentos de descontração em família.
- **Visitar parentes:** tirar um domingo para ir à casa dos avós, de uma tia ou de outros parentes fortalecerá na mente dos filhos que a família é importante, e assim, quando ficarem adultos, eles repetirão esse comportamento adquirido na infância, levando a família deles para visitar você.
- **Comemorar aniversários juntos:** não basta dar apenas os "parabéns"; é preciso comemorar.
- **Natal em família:** esse é o momento quando nos lembramos do nascimento de Cristo; é uma data para ser celebrada em família, por isso, ter todos unidos e reunidos é fundamental.
- **Férias em família:** depare pelo menos um período por ano quando vocês possam passear juntos.
- **Tenha um hobby da família:** pode ser um jogo (UNO, Banco Imobiliário, Imagem & Ação, um Quiz Bíblico); um momento de caraoquê ou tempo de louvor; enfim, um tempo de descontração e interação familiar.
- **Conte histórias da família:** toda criança adora ouvir histórias. Se você dedicar um tempo para contar as histórias de como era o seu avô, o que sua avó fazia, que passeios você já fez, situações que já passou, coisas engraçadas que vivenciou criará na mente de seus filhos um sentido maior de pertencimento e aumentará o nível de lembrança e memórias deles sobre a família.
- **Fale de Deus:** não esqueça de aproveitar o momento de contação das histórias da família para contar histórias de fé: milagres que presenciou, experiências que viveu com Deus ou vividas por pessoas que você conhece. Essas histórias

serão combustível para aumentar a reverência das crianças e a importância de Deus na vida delas.

MÁRCIA

Aqui em casa, sempre no primeiro dia do ano nós fazemos uma caixa dos sonhos. Nela escrevemos uma carta com tudo que sonhamos para o novo ano que está começando. Cada um coloca os seus objetivos em um papel, que é depositado nessa caixa, que ficará lacrada até o mesmo dia do ano seguinte. Oramos pelos pedidos nela depositados e quando a abrimos, um ano depois, podemos verificar os pedidos realizados e louvar a Deus por seus feitos e sua bondade.

É um momento de muita expectativa, gratidão, cumplicidade, união, vibração pelas conquistas e alto sentimento de pertencimento, pois todos estiveram em oração e na torcida pelas conquistas uns dos outros. É um momento de agradecermos a Deus e valorizarmos o que Ele fez no ano que passou. Além de ser muito divertido, essa tradição marcará para sempre a vida de nossos filhos.

Como são as tradições em sua família hoje? O que é feito por todos e com todos?

Que tal você pegar o seu bloquinho e listar 12 atividades familiares que vocês podem fazer juntos, uma para cada mês do ano?

Se sua família estiver unida, vocês serão capazes de reforçar tradições e viver momentos únicos em família! Mãos à obra!

Agora que você já se entusiasmou com a possibilidade de mudar seus hábitos para melhor, prepara-se para se encantar com o próximo capítulo, onde aprenderemos a respeito da importância da comunicação na construção da paz familiar e de um rico legado que marcará as próximas gerações.

✋ Compromisso de mudança

E aí? Como foi para você pensar na arte de criar filhos? Quais os compromissos você assume depois dessa etapa? Escreve aí.

EXEMPLO: Eu me comprometo a criar momentos especiais para incentivar meus filhos e família a passarmos mais tempo juntos.

1. Eu me comprometo a _____
   _____

2. Eu me comprometo a _____
   _____

3. Eu me comprometo a _____
   _____

4. Eu me comprometo a _____
   _____

5. Eu me comprometo a _____
   _____

🎬 Dica de filme

O MILAGRE DA SELA 7

A trama conta a história de Memo, um pastor de ovelhas com distúrbio cognitivo, que é acusado injustamente pela morte de uma criança e, depois disso, sua vida vira de cabeça para baixo. Em meio ao desenrolar da história, somos contemplados pela ingenuidade, pureza e amor de Memo, que encanta e emociona a todos que assistem a esse filme. Um filme que nos ensinará muito a respeito do amor de um pai por uma filha.

Como me comunico com eles?

Com a língua bendizemos o Senhor e Pai e com ela amaldiçoamos os homens, feitos à semelhança de Deus. Da mesma boca procedem bênção e maldição. Meus irmãos, não pode ser assim! Acaso podem sair água doce e água amarga da mesma fonte? Meus irmãos, pode uma figueira produzir azeitonas ou uma videira figos? Da mesma forma, uma fonte de água salgada não pode produzir água doce.

Tiago 3:9-12

As palavras têm a leveza do vento e a força da tempestade.
Victor Hugo

Que nossas palavras têm poder todos nós sabemos. Mas o quanto isso pode afetar a nossa vida e da nossa família é aquilo para que geralmente não atentamos.

Os perigos de uma palavra "mal dita", de uma comunicação violenta e equivocada, ou mesmo da falta de comunicação, leva a problemas que podem ser irreversíveis e que podem arruinar nosso legado. A própria queda da raça humana no pecado, narrada em Gênesis, começou a partir de algo que foi dito (3:4,5): "Disse a serpente à mulher: 'Certamente não morrerão! Deus sabe que, no dia em que dele comerem, seus olhos se abrirão, e vocês, como Deus, serão conhecedores do bem e do mal'".

Por dar ouvidos a uma palavra Eva cai em pecado, e isso aconteceu porque ela também deixou de respeitar outra palavra, dessa vez, uma palavra certa, "bem dita", um aviso, um ensinamento vindo de Deus, registrado em Gênesis 2:16,17: "[...] mas o SENHOR Deus lhe ordenou: Comam à vontade dos frutos de todas as árvores do jardim, exceto da árvore do conhecimento do bem e do mal. Se você comer desse fruto, com certeza morrerá".

A comunicação que ela recebeu de Deus foi clara: "Não coma o fruto da árvore do conhecimento do bem e do mal", e mesmo assim, por conta de outra palavra, Eva caiu em tentação e o pecado entrou no mundo. O inimigo usou a força da palavra para destruir Eva, assim como, muitas vezes, usa a nossa boca, utilizando-se de alguma brecha, para tentar destruir nossa família.

Uma temática que está em alta atualmente quando se trata dos estilos parentais é a CNV. A sigla significa "Comunicação Não Violenta" e refere-se a alternativas de comunicação que produzam resultados positivos e proveitosos em lugar de negativos e nocivos. Resumidamente, é uma nova forma de se relacionar e que utiliza ferramentas úteis para superação dos desafios que surgem nas nossas relações, causados pela maneira como nos comunicamos, e até por aquilo que deixamos de falar por temer o conflito. É uma prática que visa gerar mais compreensão e colaboração nas relações pessoais (o que inclui as familiares), profissionais e até conosco mesmos.

Aprendemos isso com o próprio Deus, mesmo antes de a CNV existir. Mesmo quando Deus tem de nos disciplinar, suas palavras sempre destilam amor, compaixão e misericórdia, já que ele conhece nossa estrutura e lembra-se de nossa vulnerabilidade (Salmos 103:14).

Há muito tempo, a Bíblia já nos lembra de que "A resposta gentil desvia o furor, mas a palavra ríspida desperta a ira" (Provérbios 15:1) e que a língua tem capacidade para promover vida e morte (Provérbios 18:21), e por isso precisamos estar atentos para a forma como nos comunicamos com os membros de nossa família, em especial os nossos filhos.

Muitos pais têm emprestado seus lábios para o inimigo, amaldiçoando seus filhos. Talvez a sua vida tenha sido marcada por frases do tipo:

"Que menina burra!"
"Você não vai dará em nada!"
"Esse menino não tem jeito"
"Que menino danado"
"Não quer nada com os estudos, vai se dar mal na vida"

Isso tudo sem falar nas palavras de baixo calão, tons agressivos e gritos, que acabam por comunicar algo que vai na contramão daquilo que Deus espera de nós e nos deu como missão paterna. Precisamos entender que as palavras que proferimos são sementes na vida dos nossos filhos, e sementes germinam, e crescem, e dão os frutos que lhe são próprios. Se você semear palavras más, os frutos serão maus. Mas se, ao contrário, você semear as palavras certas, colherá ótimos resultados.

> *As palavras que proferimos são sementes na vida dos nossos filhos, e sementes germinam, e crescem, e dão os frutos que lhe são próprios.*

Experimentos científicos também respaldam o poder das palavras. Um dos mais conhecidos foi o do pesquisador japonês Masuro Emoto.[12] Ele expunha porções de água a vários estímulos diferentes. Depois congelava as amostras e fotografava as moléculas do gelo. Quando as moléculas de água recebiam vibrações positivas, elas apresentavam formatos geométricos harmônicos, já as amostras que recebiam vibrações e palavras negativas tinham moléculas disformes, confusas e sem formato definido.

Na sequência do experimento, Emoto coletou água de um rio poluído, e ao analisar as moléculas, era visível que eras eram disformes e confusas. Mas logo após orações feitas, a água foi congelada e suas moléculas analisadas uma segunda vez, formaram cristais praticamente perfeitos. Se isso acontece com uma partícula de água, imagina com o seu corpo ou o corpo do seu filho que é composto de até 70% de água.[13]

Em outro experimento, desta vez relacionado ao arroz,[14] realizado, inclusive, em algumas escolas aqui no Brasil, Emoto colocou três porções de arroz cozido em frascos de vidro separados. Em um deles, o cientista escreveu "Thank You, I Love You" [Obrigado. Eu amo você]; em outro ele escreveu "I Hate You, You Fool" [Eu odeio você, idiota], e o terceiro foi totalmente ignorado.

O professor pediu a seus alunos que, durante 30 dias, gritassem para cada um dos frascos o que estava escrito neles. Ao final daquele período, algo impressionante aconteceu, confirmando mais uma vez o poder das palavras: de um lado, o arroz do frasco com as palavras positivas tinha começado a fermentar, soltando um aroma agradável; já o segundo, que tinha recebido as palavras duras e negativas, estava praticamente todo preto. O terceiro, que fora ignorado, ficou com um acúmulo de bolor, caminhando para decomposição.

Não sabemos quais foram os motivos, mas, sem dúvida, Deus escolheu as palavras para transformar vidas. A Bíblia está repleta de exemplos da força das palavras e, se prestarmos atenção neles, daremos uma criação muito melhor aos nossos filhos.

Se pegarmos como exemplos as pessoas que Jesus curou, veremos que Ele lhes perguntava o que queriam que Ele lhes fizesse. Todos nós entendemos que Jesus certamente já sabia o desejo daquelas pessoas, mesmo assim Ele fez questão, em várias situações, que as pessoas expressassem seus desejos e o que buscavam, utilizando-se das próprias palavras.

Em Mateus 12:37, Jesus diz que pelas nossas palavras seremos justificados e por elas seremos condenados. O próprio Deus usa palavras para edificar e valorizar seu filho: "Este é o meu Filho amado, em quem me agrado" (Mateus 3:17).

Portanto, redobre sua atenção e entre de cabeça nesse capítulo, aprendendo mais sobre como se comunicar melhor com seus filhos, otimizando, assim, o seu legado.

O PESO DE DECLARAR E DEMONSTRAR AMOR

Cremos ser desnecessário perguntar se você ama seus filhos. Se lhe fizéssemos essa pergunta, obviamente que sua resposta seria algo como: "Sim, claro que amo", ou "Com certeza. Eles são tudo para mim". Entretanto, é pertinente perguntarmos a você: quanto você demonstra esse amor a eles?

Pais e mães têm, sim, dificuldade em demonstrar claramente o amor que tem pelos filhos, principalmente com o passar dos anos. Quando os filhos são bebês, os pais costumam estar sempre atentos, dedicando tempo e cuidado a eles, medindo as palavras, expressando-se com muito carinho e afeto. Quando eles crescem, parece que os anos vão criando algum tipo de distanciamento, e, não raras vezes, nos surpreendemos ao ver um filho adulto beijar os pais e vice-versa. Por que será que isso ocorre?

Será que sua família foi atingida por esse distanciamento e estarem afastados uns dos outros é parte da rotina de vocês? Ou você conseguiu evitar? E o mais importante: A partir de agora, o que fazer, caso esse distanciamento tenha-se instalado em sua casa?

Precisamos declarar que amamos os nossos filhos, porque eles precisam saber que são amados.

A psicologia afirma que sentir-se amado é a necessidade principal do ser humano. Receber amor e sentir-se amado é necessidade emocional básica de uma criança, e caso essa necessidade não seja suprida, haverá impactos significativos em sua vida, especialmente a partir da adolescência.

De que maneira podemos fazer isso? Vejamos.

QUEM AMA DIZ QUE AMA!

DARRELL

Declarar amor a alguém não é simplesmente dizer "Eu amo você". Isso, claro, é muito importante, e se você ainda não tem esse hábito, quero recomendar veementemente que dedique seus esforços para o adquirir.

Os meus pais sempre me amaram e ainda amam muito. Eles dedicaram a vida a dar o melhor aos filhos. Ainda que eu sempre soubesse do amor incondicional dos meus pais por mim, eu só ouvi o tão desejado "Eu te amo" quando passei dos 35 anos de idade. Até então, fui uma criança, cheguei à adolescência e tornei-me adulto sem ter essa oportunidade. Talvez você nunca tenha ouvido essa declaração de seus pais.

Quando passei pelo processo de conversão, comecei a entender a minha filiação em Deus e o quanto aquele amor precisava ser transbordado na minha família, para os meus filhos, mas também para os meus pais. A partir do momento em que eu comecei a dizer "Eu te amo" para eles, sabe o que aconteceu? Naturalmente, eles começaram a fazer a mesma declaração para mim.

Hoje eu entendo que meus pais nunca declararam seu amor por mim antes, porque nunca ouviram uma declaração dessas antes, porque nunca aprenderam que deveriam expressar verbalmente o amor que sentiam. Eles nunca receberam amor daquela forma, então, não podiam ser culpados pela ausência dessa manifestação de amar em minha vida (falamos um pouco mais a respeito desse assunto em nosso livro **Quando a família corre perigo**, lançado pela editora Hagnos e do qual recomendo fortemente a leitura).

No entanto, a partir do momento que descobri a importância de declarar amor, tudo mudou em minha vida. A partir da minha geração, toda a minha descendência, pode ser diferente, e será. Resolvi contar uma nova história, demonstrar amor em palavras e ações e fazer algo completamente novo na minha vida e na vida de outras famílias. E essa decisão não é exclusividade minha ou da minha família. Você também pode, e deve, tomar essa decisão, que vai interferir nas próximas gerações. E a sua decisão de hoje — demonstrar amor — é que moldará sua descendência e será um rico legado que ela levará para outras gerações.

Nunca é demais dizer o que já foi dito lá atrás: Que tal você parar, por alguns minutos, a leitura deste livro e dizer aos seus filhos: "EU AMO VOCÊ"? Poderia fazer a mesma coisa com seus pais? É possível que você ame pessoas de sua família, mas, apesar de amá-las, você nunca lhes disse isso. Declarar amor pode ser um exercício transformador. Caso a pessoa não esteja próxima de você, mande uma mensagem ou faça uma postagem na rede social, e aproveite para marcar @marciaedarrell, pois queremos nos alegrar com você nesse momento.

QUEM AMA ENCORAJA

Precisamos amar nossos filhos e uma das formas de fazer isso é, também, por intermédio de palavras encorajadoras.

A Bíblia afirma: "Portanto, animem e ajudem uns aos outros, como vocês têm feito até agora" (1Tessalonicenses 5:11), e se isso se refere aos irmãos em Cristo, não poderia deixar de referir-se também aos nossos filhos. Precisamos entender a importância de os animar e incentivar a serem melhores a cada dia, e as palavras encorajadoras são uma maneira de fazer isso; é uma linda forma de demonstrar amor.

Temos certa tendência natural a apontar as falhas dos outros, e com nossos filhos não é diferente. Se descuidarmos, cultivaremos o hábito de destacar o que é negativo e considerar que, ao fazerem algo bom e procederem corretamente, nossos filhos não fazem mais que a obrigação deles e que agirem bem é algo que eles nos devem. Não! Não é assim que devemos pensar e proceder. Demonstrar amor envolve intencionalidade. Quando elogiamos nossos filhos e exaltamos as coisas boas e positivas que fizeram, incutimos ânimo dentro deles e os incentivamos a serem e fazerem cada vez mais e melhor.

Se os pais só apontam as falhas, os filhos crescem inseguros, temerosos de serem rejeitados, pois nunca se sentiram amados, apoiados e amparados por seus pais; é a única forma de viver que aprenderam. Os filhos precisam do nosso incentivo para alçar voos cada vez mais altos, para subirem cada vez mais alto, degrau a degrau, a escada da vida, para que se sintam melhor e capazes. Essa é uma forma incrível de amar!

Jesus sabia do amor que o Pai tinha por Ele. Em João 15:9, Ele declara a seus discípulos: "Eu os amei como o Pai me amou". Essa certeza deu uma segurança ilimitada a Jesus. Quando o Espírito o conduziu ao deserto para ser tentado, Ele decidiu não ceder à tentação, pois sabia quem era e o quanto era amado pelo Pai. Saber que Deus o amava fez de Jesus um filho obediente: "[...] obedeçam aos meus mandamentos [...] assim como eu obedeço aos mandamentos do meu Pai".

Se seu filho não lhe obedece como você gostaria, talvez seja a hora de mudar a forma de relacionar-se com ele. Pode ser a hora de deixar claro para ele, com ações e palavras encorajadoras e de afirmação, o quanto ele é amado e aceito por você.

CUIDADO COM O QUE DIZ E COMO DIZ: JOGANDO O LIXO TODO EM CASA

O que dizemos não fica perdido no tempo e no espaço. Em Mateus 12:36,37 lemos que, no dia do juízo, daremos conta a Deus de toda palavra inútil/vã que tivermos proferido e que por tais palavras seremos julgados. Palavras definem o caminho que iremos seguir. Se dissermos palavras boas seremos beneficiados (Provérbios 12:14), mas também podemos ser corrompidos por palavras más (1Coríntios 15:33).

As palavras são tão importantes, que das sete coisas que Deus detesta, três delas estão ligadas às palavras. Veja o que diz Provérbios 6:16-19:

> Há seis coisas que o Senhor odeia, sete coisas que ele detesta: olhos altivos, *língua mentirosa*, mãos que derramam sangue inocente, coração que traça planos perversos, pés que se apressam para fazer o mal, *a testemunha falsa que espalha mentiras e aquele que provoca discórdia entre irmãos* (grifo nosso).

Obviamente que nenhum ser humano é capaz de manter o equilíbrio completamente e em 100% do tempo. Todas as pessoas, pelo menos uma vez na vida — na verdade, muitas vezes —, desceu do salto; domínio próprio ainda é uma das coisas impossíveis a qualquer indivíduo, mesmo os cristãos, e só é possível pelo agir do Espírito Santo. Precisamos manter vigilância, estar atentos, pois, muitas vezes, no ferver de uma situação ou por pura distração, dizemos coisas das quais nos arrependemos depois. Pare um momento e pense em quantas vezes você disse coisas, que, se pudesse voltar atrás, não teria dito?

#PraPensar

- Você já se arrependeu de algo que disse a seu filho?
- Pior ainda: já fez algo com/contra ele, que, se tivesse a chance, não teria feito?
- Se sua resposta às perguntas anteriores foi "sim", já resolveu a situação com ele, pedindo perdão e retratando-se quando a situação requereu?

Infelizmente, a maioria de nós já viveu alguma situação em que perdemos o controle, ficamos descompensados e dissemos ou fizemos coisas que não deveríamos ter dito ou feito. Em muitas dessas ocasiões, consideramos que não éramos capazes de nos controlar e agir diferentemente, e com isso, jogamos para fora de nós e para dentro da nossa família e no coração de nossos filhos o que havia de pior em nós.

A respeito disso, reflita conosco: você está segurando uma xícara de café quando alguém chega e encosta em você ou balança seu braço, fazendo que o café derrame e molhe o tapete da sua sala.

Se lhe perguntássemos o motivo de você ter derramado café no tapete, você responderia que foi porque alguém encostou em você. Provavelmente, essa seria sua resposta, mas essa talvez não seja a melhor resposta. A resposta mais adequada seria que você derramou café porque era isso que havia em sua xícara; se houvesse chá, você teria derramado chá. O que estivesse dentro da sua xícara é o que seria derramado. Portanto, quando a vida chega de forma abrupta e balança você (algo que, com certeza, acontecerá em muitos momentos), o que houver dentro de você será derramado.

Muitas vezes, usamos máscaras para sobreviver e acabamos agindo e reagindo como os outros esperam. Entretanto, ninguém consegue fingir para todos o tempo todo. É fácil fingir até que você seja chacoalhado, que sua vida seja balançada e você sofra abalos que ameacem, e às vezes conseguem derrubá-lo. Por isso, precisamos perguntar a nós mesmos: se essa xícara representa minha vida, o que há dentro dela? Quando a vida fica difícil, o que derrama de dentro de mim: alegria, gratidão, paz e humildade... ou fúria, amargura, palavras e ações duras?

Você não pode escolher o que sai de si e o que derrama sobre os outros, especialmente nos momentos difíceis da vida, mas é totalmente responsável pelo que abriga dentro de si, pelo que acumula em seu coração. A escolha é sua. E só você pode fazê-la!

Em nossa casa, precisamos encher as xícaras com gratidão, paciência, alegria, palavras de Deus, bondade, mansidão e amor.

O que há dentro de sua xícara? Se hoje você levasse um esbarrão da vida, o que derramaria do seu interior? Pegue o seu bloquinho e anote aí!

Você não precisa ser aquela pessoa que, quando explode, derrama todo lixo em cima dos seus filhos. Essa forma de comunicar deixará rastros, e rastros perigosos, na criação e no coração deles. Você pode, sim, extrair o que tem de melhor e deixar isso florescer dentro de si a ponto de derramar sobre todos a quem você ama.

Paulo afirma em 2Coríntios 2:15, que somos o bom perfume de Cristo e é isso que precisamos espalhar para as pessoas, é isso que esse mundo malcheiroso precisa. Se temos de espalhar isso entre as pessoas que estão fora do nosso âmbito familiar, imagina como deveríamos proceder para com as que vivem dentro da nossa casa?

As Escrituras nos dizem que podemos ficar irados, mas que não deveríamos pecar. Assim, quando perceber que está começando a ficar com raiva e que isso está progredindo para a ira é hora de você parar e, com o auxílio do Espírito Santo, tomar o controle da situação. Pode ser que você tenha de contar até cinco (dez, cem ou mil), na ordem normal ou de trás para a frente, pensar para onde esse sentimento o levará e, então, decidir e dizer: "Eu não quero isso para mim".

Difícil? Talvez. Mas imagine se você está ali, em meio a uma briga com seus filhos, irritadíssimo, e seu novo chefe passa e lhe cumprimenta. Ele é uma pessoa que você precisa impressionar, certo? Você vai "soltar os cachorros" com ele? Provavelmente não. Na mesma hora você irá controlar-se, dar o seu sorriso mais lindo e conversar simpática e calmamente com ele.

A verdade é que, quando estamos com pessoas que têm um compromisso de longo prazo conosco, não conseguimos parar, e muitas vezes agimos como selvagens; com isso, jogamos nosso lixo interior sobre nossos filhos, e essa sujeira é superdifícil de limpar depois. Essa, porém, não é a vida que Deus quer para nós.

DIFÍCIL DE APAGAR

Era uma vez um garoto que tinha um temperamento muito explosivo. Um dia, ele recebeu um saco cheio de pregos e uma placa de madeira. O pai disse a ele que martelasse um prego na tábua toda vez que perdesse a paciência com alguém.

No primeiro dia, o menino colocou 37 pregos na tábua. Já nos dias seguintes, enquanto ia aprendendo a controlar sua raiva, o número de pregos martelados por dia diminuía gradativamente. Ele descobriu que dava menos trabalho controlar sua raiva do que ter que pregar pregos na madeira todos os dias.

Finalmente, chegou um dia em que o garoto não perdeu a paciência em momento algum. Falou com o pai sobre seu sucesso e que se sentia melhor não explodindo com os outros. O pai sugeriu, então, que ele retirasse todos os pregos da tábua e que a trouxesse para ele.

O garoto trouxe a placa de madeira, já sem pregos, e a entregou a seu pai, que lhe disse:

— Está de parabéns, meu filho, mas dê uma olhada nos buracos que os pregos deixaram na tábua. Ela nunca mais será como antes.

Quando você diz coisas num momento de raiva, suas palavras deixam marcas como essas na vida de quem as ouviu. É o mesmo que enfiar uma faca em alguém e depois retirá-la. Não importa quantas vezes peça desculpas, a cicatriz continuará lá.

Uma agressão verbal é tão ruim quanto uma agressão física. As pessoas a quem amamos e as que verdadeiramente nos amam são como joias raras. Elas nos fazem sorrir e nos encorajam a alcançar o sucesso. Emprestam-nos o ombro, compartilham de nossos momentos de alegria e tristeza, ajudam-nos, torcem por nós. Elas são muito difíceis de serem encontradas! Essas pessoas estão em sua casa, são seus filhos, seu cônjuge, e essa é sua família. Cuidado com as marcas que você tem deixado neles. Reflita sobre isto: que lixos você já jogou sobre seus filhos? Pode listá-los em seu bloquinho?

Agora quero propor que você escreva as mesmas coisas e, na coluna do lado, a da "Decisão", coloque a frase "Eu não quero isso para mim". Esse exercício é importante para o ajudar a construir novas atitudes.

◆ LIXO DERRAMADO: ◆ DECISÃO:

--------------------------- ---------------------------
--------------------------- ---------------------------
--------------------------- ---------------------------
--------------------------- ---------------------------
--------------------------- ---------------------------

Agora que terminou, peça perdão a Deus a respeito dessas coisas e em seguida, perdoe a si mesmo por tê-las feito. Afinal, já que você tomou a decisão que não quer mais essas coisas em sua vida, jogue também o lixo da amargura para fora e viva algo novo. Lembre-se de que Jesus faz novas todas as coisas, sabendo que as misericórdias do Senhor se renovam a cada manhã (Lamentações 3:23).

É possível que você diga: "Não é fácil manter o controle. Meus filhos me tiram do sério", "Derramam o suco na mesa todas as refeições", "Eu já falei mil vezes". É claro que não será fácil. Como dissemos na introdução desse livro, criar filhos de forma a marcá-los positivamente e deixar um legado digno de ser seguido é a tarefa mais desafiadora que você terá neste mundo, mas também é a mais recompensadora. Se você perseverar, seu legado será forte como aço!

Você não pode se esquecer de que seus filhos são crianças, e crianças, na maioria das vezes, não sabem discernir o que é certo e o que é errado. Isso acontece também com os adolescentes, que pensam saber sobre tudo e ser capaz de discernir as coisas, mas só quando amadurecerem percebem o quão equivocados estavam.

Seus filhos farão coisas para tirá-lo do sério, sim; mas você é que decide como reagirá, e se você souber o que o irrita e tratar isso previamente, cuidando de sua saúde emocional e espiritual, é muito melhor do que explodir e despejar sobre eles tudo de ruim que tem dentro de si.

A recomendação é: cuide com o que você cultiva em seu coração.

#PraPensar

- O que seus filhos fazem que tiram você do sério?
- Por que essas coisas exercem tamanho poder sobre você?
- O que você pode fazer, antecipadamente, para evitar perder o controle e aproveitar a situação para instruir seus filhos de forma amorosa e cordial?

PALAVRAS MARCAM

Já falamos a respeito do poder das palavras, para bem e para mal, enfatizando-as a serem ditas de forma positiva. Aqui, o foco será como palavras negativas, grosseiras e de maldição marcam a vida de um filho.

Talvez você tenha sofrido grandes dores devido a palavras malditas que foram proferidas contra você, vindas de seus pais, de um chefe e/ou da pessoa que você mais ama. Aquela palavra desceu como uma faca, rasgando você por dentro e, como em um passe de mágica, ficaram gravadas em seu coração, tornando-se um muro que a impedia de seguir em frente.

Em nosso livro, *Os 6 segredos da comunicação no casamento*,[15] temos um estudo profundo sobre o perigo das palavras e do quanto elas podem marcar e destruir as principais relações que temos (seria muito bom se pudesse adquiri-lo e estudasse mais detidamente o tema).

Frases como "Você é incapaz"; "Você não serve para nada"; "Tudo o que você faz dá errado", "Você é um inútil", quando repetidas várias vezes, podem contribuir para a formação de adultos fracassados, inseguros e amargurados no futuro, pois cada declaração dessa é incorporada à forma como seus filhos veem a si próprios e se tornam parte de nosso legado.

Dizer: "Menino, se fizer isso Deus castiga", não é a forma certa de ensinar sobre Deus aos nossos filhos. Contudo, muitas vezes, dizemos palavras que os marcam negativamente e que contribuem para que nossas crianças tenham ideias equivocadas a respeito de Deus, da vida e de outros temas, mesmo sabendo o peso que as palavras podem ter na vida deles.

Kevin Leman nos traz uma perspectiva interessante sobre o perigo das palavras. Ele diz:

> Crianças que cresceram se sentindo "nada" ou "imprestáveis" [...] tornam-se indivíduos problemáticos, com dificuldades na escola e para fazer amigos. Ou então fazem os amigos errados [...] Com frequência crescem e levam a vida cheia de medo, insegurança e derrota. Alguns são tão famintos por afirmação e atenção que agem de maneira destrutiva. Afinal, atenção negativa é melhor que nenhuma atenção! Numerosos estudos mostram que as prisões estão cheias de jovens, homens e mulheres que cresceram sentindo que eram nada e ninguém.[16]

Não pense que isso ocorre apenas com crianças maiores, que já entendem as coisas ou que estejam na adolescência. Estudos demonstram que palavras exercem forte influência e poder na vida de alguém, mesmo que seja ainda um bebê.

O médico e escritor Içami Tiba diz que "[...] as brigas transmitem emoções negativas que ficam registradas na memória vivencial, mesmo que o bebê ainda não esteja amadurecido neurologicamente para ter memória consciente".[17] Isso quer dizer que, mesmo dentro do ventre, suas palavras podem prejudicar o bebê, quando "mal ditas". E o oposto também é verdadeiro: quanto mais você conversar com uma criança na barriga da mãe, mais ela irá se acostumando com a sua voz e receberá o impacto positivo ou negativo de suas palavras. E assim, quando for recém-nascido, irá se acalmar quando o pai ou a mãe o colocar no colo e conversar com ele, pois reconhecerá aquela voz como familiar e sentirá segurança nela. Portanto, cuidado com suas palavras. Faça com que elas marquem positivamente, e não negativamente, a vida dos seus filhos.

Agora que sabemos da importância da comunicação, que tal aprofundarmos mais e aprendermos como o poder da conexão pode nos ajudar a construir nosso legado, levando vida, e não morte, para nossa família?

Saiba: a conexão certa pode levar vida para sua casa, mas se não a estabelecer ou o fizer de forma errada, isso redundará na morte do propósito de Deus para sua família e, consequentemente do seu legado e de seus filhos. Foi com isso em mente que escrevemos o próximo capítulo. Ele é fundamental para a construção de um legado familiar que dure e impacte até mil gerações.

Compromisso de mudança

Lembre-se de registrar aqui seus novos compromissos com relação ao tema abordado neste capítulo, aumentando seu número de selos, para computar ao final do livro:

EXEMPLO: Eu me comprometo a pensar melhor antes de dizer palavras ríspidas a qualquer pessoa, principalmente aos meus filhos e outros membros da família.

1. Eu me comprometo a _____
_____.

2. Eu me comprometo a _____
_____.

3. Eu me comprometo a _____
_____

4. Eu me comprometo a _____
_____

5. Eu me comprometo a _____
_____

 **Dica de filme**

A CABANA

Um filme clássico a respeito de perdão, restauração e crescimento espiritual, e necessário a todas as pessoas, principalmente aquelas que são pais e mães. Mesmo que você já o tenha assistido, peço que o assista novamente, agora sob a perspectiva do que você está aprendendo nesse livro.

O poder da conexão

*As minhas ovelhas ouvem a minha voz,
e eu as conheço, e elas me seguem.*

João 10:27

*Declare a seus filhos que eles não estão no rodapé de sua
vida, mas nas páginas centrais da sua história.*

Augusto Cury

No texto de João 10:27, Jesus fala a respeito da comunicação assertiva que tem com suas ovelhas, pois ao ouvir sua voz, elas o seguem.

Nossa comunicação com nossos filhos se dá por meio de palavras, expressões corporais e exemplos e, assim como ocorre com as ovelhas, se acertamos nessa comunicação, eles nos seguem e nossa conexão com eles aumenta. E se tem um desafio grande na vida dos pais é conectarem-se verdadeiramente com seus filhos.

Em um mundo altamente conectado como este em que vivemos, a mesma internet que aproxima pessoas que vivem longe umas das outras tem afastado indivíduos que vivem próximos; às vezes, dentro de uma mesma casa. Por isso, como pais, precisamos evitar criar marcas em nossa relação com nossos filhos que impactem negativamente nossa conexão com eles.

Neste capítulo aprenderemos algumas chaves para nos conectar com nossos filhos e veremos situações que contribuem para nos desconectar deles, e, ciente delas, possamos proceder de forma que nos aproximemos mais deles, a fim de exercermos influência na construção do legado que deixaremos para eles e que eles, consequentemente, deixarão para a geração depois deles, conforme os planos de Deus.

CRÍTICA E INCENTIVO

A crítica pode acontecer de várias maneiras: por palavras, pelo tom de voz que utilizamos ao falar e, muitas vezes, através daquele olhar repressivo, que diminui e deprime o filho.

Quando nos comunicamos, o fazemos de várias formas. Um estudo de Albert Mehrabian apurou que, de todas as formas de comunicação, as pessoas costumam reter apenas 7% do que dizemos (comunicação verbal); os outros 93% do impacto da nossa comunicação é atribuído ao tom de voz utilizado e à nossa expressão corporal.[18]

O antropólogo Ray Birdwhistel calculou que, em média, um indivíduo fala de 10 a 11 minutos de palavras por dia, mas é capaz de fazer e reconhecer cerca de 250 mil expressões faciais; e completa, afirmando que o fator verbal é responsável por menos de 35% das mensagens transmitidas numa conversa pessoalmente, mas que 65% da comunicação é realizada de forma não verbal.[19]

Agora, faça uma pausa e tente lembrar a cara que você faz quando está dando uma bronca em seus filhos... Lembrou? Você acha que sua expressão facial daquele momento contribui para conectá-lo a seus filhos ou para afastá-lo ainda mais?

Essa é a razão de termos de redobrar nossa atenção em relação à forma como falamos com nossos filhos, pois tons de voz mais altos podem trazer à mente deles atitudes de grosseria ou de falta de amor, e gestos muito intensos de raiva transmitem a eles sensações de insegurança e medo.

Claro que todos nós temos o interesse em que nossos filhos sejam pessoas melhores, mas quando cobramos demais e focamos na crítica, e não no crescimento da criança, estaremos atrapalhando e nos distanciando em vez de nos aproximarmos deles

Atualmente os pais têm cobrado demais dos filhos, exigindo deles um nível de perfeição altíssimo em tudo o que fazem: estudos, esportes, devoção, ajuda nas tarefas da casa etc. As crianças estão tão assoberbadas de tarefas, afazeres e atividades que lhes tem faltado tempo para serem simplesmente crianças; estão perdendo a leveza própria da infância. Muitas delas são tratadas como miniexecutivo, cheio de normas, atividades e obrigações a cumprir. E o pior, em lugar de serem incentivados a viver e aproveitar a infância são criticados quando não atingem o padrão de qualidade exigido por nós.

Esse ciclo de cobrança, sob pretexto de prepará-los adequadamente para o mundo, faz com que sejamos cada vez mais duros e insensíveis, tirando deles a pureza e a beleza da fase que estão vivendo, e, sem nos dar conta, colocamos sobre as costas deles o peso das nossas críticas quando eles não correspondem às nossas expectativas.

Talvez você diga: "Mas todo mundo precisa de crítica construtiva". Lembre-se de que a crítica não é forma de incentivo. Se você quer incentivar seu filho a ser uma pessoa melhor, foque no que ele pode fazer para ser uma pessoa melhor. Ao invés de o colocar para baixo, apontando o erro, eleve os olhos dele para o alto, de onde vem o socorro, mostrando o que ele pode fazer de diferente para obter um resultado melhor.

DARRELL

Lembro-me de um caso sobre o poder da conexão, envolvendo nosso filho do meio, Darrell Filho. Ele havia falhado em um comportamento e ficado muito triste com aquilo, andando cabisbaixo com um sentimento de culpa muito grande.

Ao sentar-se para conversar, ele já esperava de mim alguma acusação, cobrança e reclamação, como fiz muitas outras vezes, de forma errada. Contudo, dessa vez, resolvi agir diferente e consegui ver claramente e em detalhes o semblante dele mudar bem diante dos meus olhos e a confiança dele ir aumentando. Nossa conversa foi mais ou menos assim:

Pai — *Filho, na vida temos duas opções para tratarmos os erros: escolhermos uma postura de fracassados e nos entregarmos àquilo, reclamando e murmurando, ou escolhermos uma postura de vencedor, olhando o que podemos fazer de diferente a partir de agora.*

Filho — *Como assim, pai? — Disse ele, levantando os olhos, mas ainda com a cabeça baixa, meio sem entender o que eu acabara de dizer.*

Pai — *Filho, você não é o erro que cometeu. Não é porque você errou agora, que vai focar o seu erro, olhar para baixo e ficar nessa tristeza — Em consequência de seu erro, Darrell Filho havia perdido algo que para ele era importante).*

Pai — *Amor, você precisa entender que perdeu e que agora você tem duas escolhas: ficar aí olhando para baixo, triste e focando no que tem de ruim nisso ou olhar para cima, ter uma postura diferente e pensar como você irá conquistar algo melhor — Ele abre os olhos um pouco mais, acho que por conta da palavra "melhor".*

Filho — *E eu posso ter algo melhor?*

Pai — *Claro, filho. Na vida muitas vezes perdemos algo hoje, para ganhar algo melhor lá na frente. Sempre teremos perdas, talvez lá na frente você perca uma namorada, um amigo, um emprego... Mas, independentemente do que acontecer, você precisa saber para onde você deve olhar.*

Filho — Que massa pai. — Agora ele está com um olhar diferente e me olha nos olhos.

Pai —Lembra que tem céu e inferno? E o céu tá onde? E o inferno?

Filho — O céu em cima e o inferno em baixo né, pai? — "Pergunta óbvia" ele deve ter pensado!

Pai — Ótimo filho, assim é a vida. Em todas as situações que passarmos precisamos escolher para onde olharemos: se murmuramos, reclamamos, baixamos nossa cabeça e ficamos depressivos, nos vitimizando, ou se olhamos para o alto.

Filho — Hum!

Pai — Amor, você precisa sempre olhar para o alto! É de lá que vem nosso socorro. É do céu que você terá o conforto e o direcionamento para vencer todas as situações da sua vida, e decidir fazer isso muda tudo.

Filho — Poxa pai, é mesmo. É lá que está Deus.

Nesta situação, eu poderia ter marcado meu filho com acusações e o colocado ainda mais para baixo, poderia ter gritado com ele ou o deixado de castigo, mas eu escolhi, naquele momento, ensiná-lo a recorrer a Deus. Orei e pedi que Deus abastecesse meu filho, de forma que suprisse aquela falta, e que nos ensinasse, cada vez mais, a dependência de Deus e a necessidade de olharmos para o céu. E isso, claro, aumentou nossa conexão.

#PraPensar

- E você, como tem reagido com as críticas a seus filhos?
- Que atitude do seu filho mais incomoda você?
- O que pode fazer para tentar olhar o lado positivo da situação, em vez de focar o erro dele?

O PODER DAS CRENÇAS

Você já deve ter ouvido dizer que a fase mais crítica para uma criança desenvolver seu caráter, sua personalidade e seu perfil emocional é até os 7 anos de idade. O cuidado e a atenção dedicados a esse período pode representar ganhos enormes na vida dos filhos, e o inverso também é verdadeiro: não empregar cuidado e atenção a essa fase pode trazer perdas igualmente significativas mais adiante.

Nessa fase você pode deixar uma marca positiva na vida de seus filhos ou marcá-los negativamente para sempre.

Muitos adolescentes e jovens, e até mesmo adultos, passaram a infância ouvindo dos pais que nunca serviriam para nada, que sempre seriam um peso para todos, e que acabaram recorrendo à violência e/ou envolvendo-se no mundo do crime numa ação, muitas vezes inconsciente, de autoafirmação de todas as falas que os pais direcionaram a ele quando era apenas uma criança. Outras não se envolvem com práticas ilegais e nocivas, mas passam a vida com problemas de ordem psicológicas, sofrendo com crises, síndromes e transtornos diversos, consequência das crenças que foram formadas em sua mente.

Crença é o estado psicológico que um indivíduo adota e se detém a uma proposição ou premissa para a verdade, ou ainda, uma opinião formada ou convicção. São aquelas ideias que construímos sobre nós mesmos, os outros e o mundo. Nas palavras da psicóloga Lisiane Duarte, crenças são

> Pensamentos impositivos criados, geralmente, na infância e desenvolvidos ao longo da vida, que acabam se tornando nossas próprias verdades e, com o passar do tempo, desenham nossa personalidade. Pensamentos enraizados que dizem a nosso respeito, das coisas ao nosso redor e no mundo.[20]

A maioria de nós não está consciente sobre as crenças que temos, e podemos passar a vida inteira sem saber o quanto elas afetam nossos sentimentos, nossos pensamentos e nossas ações. Mas, mesmo não sabendo da existência delas em nós ou não concordando que elas sejam o que são e da influência que têm sobre nós, há algo inegável: elas dirigem nossa vida. Elas funcionam como uma lei, formada na infância, que rege e influencia uma pessoa. Assim, como pai ou mãe, você tem de tomar cuidado com as crenças que está formando na vida dos seus filhos.

Da mesma forma que sua vida hoje é resultado das palavras que seus pais, seus avós ou outras pessoas semearam em seu coração e mente há anos, assim também será a vida dos seus filhos. Se você começar a semear neles que a vida é uma droga, não se assuste se lá na frente ele não tiver uma vida de bênçãos. É pela contribuição dessas sementes lançadas que as crenças limitantes começam a ser formadas no solo fértil que são a mente e o coração de nossos filhos; elas são como pequenas vozes capazes de convencer alguém de que ele é incapaz de tornar-se alguém e que jamais será uma pessoa útil, produtiva, capaz de fazer ou conquistar algo relevante, que faça a diferença no mundo.

Crenças limitantes podem ser criadas quando pais dizem a seus filhos: "Vixe, você não tem jeito mesmo para jogar bola. Procura outra coisa para fazer porque que você é desengonçado"; "Você é ruim em matemática, como todo mundo da família, nem adianta tentar aprender"; "Você não é tão bom quanto seu irmão"; "Você é muito desorganizado"; "Você nunca vai dar certo para nada".

Devido às experiências vividas, agora você pode ter em sua vida crenças limitantes, que não lhe permitem avançar em busca de conquistar seus sonhos. Sempre que pensa em tomar a iniciativa para a realização de um sonho ou que a oportunidade da sua vida aparece diante de você, o pensamento automático que lhe vem à mente é "Eu não consigo ser contratado por uma empresa que me pague o que realmente corresponda à minha capacitação e habilidades"; "Eu não sou bonita o bastante para ter um relacionamento afetivo com alguém legal". A crença limitante pode dizer-lhe que você não deve empreender, porque não dará certo, que não deve concorrer àquela bolsa de pós-graduação porque você não é capaz de ser aprovado. E assim, você não busca os seus sonhos. É frequentemente perseguido por aquela voz que insiste em dizer que "é melhor o pouco certo, do que o muito duvidoso", "o pouco na mão do que o muito voando", que "toda pessoa rica é má ou desonesta".

Ora, se alguém acredita que dinheiro é sujo e que a riqueza é algo negativo, jamais buscará prosperar financeiramente, pois essa crença o limita, impedindo-o de empenhar-se para alcançar seu objetivo. A crença limitante sequer permite à pessoa que saiba se tem ou não capacidade para alcançar o que deseja. É um boicote.

Na vida sentimental também é possível ver os prejuízos das crenças limitantes. Quando o pai diz para o filho que "toda mulher é interesseira", quando esse filho crescer terá dificuldades de ter relacionamentos sérios, para assim evitar que alguma mulher "interesseira" se aproxime dele apenas para beneficiar-se de seus bens.

Não perca de vista que a maioria das crenças limitantes tem sua origem em nossa infância. Até os 2 anos a criança olha o mundo através dos olhos dos pais e adquire os medos dos pais, o jeito e a linguagem deles. Lembra como seus filhos tinham o mesmo jeito do pai ou os trejeitos da mãe?

Em seus primeiros anos de vida, a criança absorve e retem tudo à sua volta, exatamente como uma esponja absorve água. As primeiras informações que recebe serão como "linhas de comando" para seu crescimento e serão a base de sua visão de realidade adulta.

Aquela mãe que chega em casa cansada e encontra seu filho superativo, querendo brincar e, para evitar que ele saia para a rua, diz que àquela hora não pode sair de casa, porque se sair, o velho do saco pode pegá-lo e levá-lo embora, está controlando o filho pelo medo e criando uma crença que limita aquela criança. Mais adiante, quando for maior e tiver de enfrentar obstáculos ou se arriscar para crescer profissionalmente, por exemplo, terá muitos problemas e limitações.

Sabendo da força das crenças e da influência delas na vida de nossos filhos, precisamos nos conscientizar do cuidado que devemos ter com o que comunicamos a eles.

#PraPensar

- Depois de ter se aprimorado mais nesse assunto e de ter aprendido sobre o impacto das crenças limitantes na vida dos filhos, que frases você sempre ouvia dos seus pais que marcaram sua vida e hoje limitam você de alguma forma?
- Que frases você tem reforçado para seus filhos e que podem estar formando crenças limitantes na vida deles?
- Que novo comportamento você pode se comprometer a ter a partir de agora?

QUANDO DIZER "NÃO" É INSUFICIENTE

Imagine se você tivesse de ouvir quatrocentas vezes a palavra "não" todos os dias? Seria difícil, certo?

Pois bem, essa é a média de "nãos" que uma criança de 3 anos recebe diariamente. Se você tem, ou já teve, criança nessa faixa etária, deve lembrar:

— Não.
— Filha, não... não.
— Não pode.
— Aí não, filha.
— Filha... nãoooooooooooooooooooooooooo!

E assim, você, a vovó, a babá, o papai e a maioria das pessoas que interagem com essa criança vão criando a cultura do não. Isso não significa que você tem de dizer "sim" para tudo nem que deva abolir o "não" de seu vocabulário, mas que deve ter cuidado com o que e como falamos; isso é muito importante para melhorar a comunicação com nossos filhos.

Dizer "não" sempre é muito cômodo para nós pais, e é aí que mora um grande perigo, pois instruir e dar uma abordagem positiva, ensinando a criança vai dar muito mais trabalho, porém os efeitos serão muito melhores do que um simples "não", gritado de onde estamos, muitas vezes sentados e acomodados.

O que vemos é que, com uma criança muito pequena, os pais têm insistido em usar a linguagem do "não". É aquela síndrome do "não ponha a mão aí", "não mexa nisso", "não ponha o dedinho aí", "não coloque isso na boca", "não suba aí", e assim por diante. Entretanto, com crianças nessa idade, é melhor usar sempre a ação em lugar das palavras. Então, caso a criança esteja fazendo algo de errado, é mais adequado tirá-la do local, do que simplesmente dizer para ela não fazer aquilo, pois, principalmente nos primeiros aninhos da vida, a criança não entende o "não" se for somente pela fala e desacompanhado de ação, então é melhor mostrar a ela, por meio de exemplos práticos e reais, o que deve ser feito, e não optar por dizer o que ela "não" deve fazer, o que é mais fácil, mas menos efetivo.

Mostrar os limites, impor regras e, ao mesmo tempo, mostrar-se próximo, de forma que os filhos saibam que não estão sós e que você os está protegendo ao ensinar a forma correta de fazer as coisas, é fundamental para o desenvolvimento correto e sadio da criança.

Sabemos que, quando são muito pequenas, o que as crianças mais querem é chamar atenção; elas querem receber 100% do olhar dos pais. O que ocorre é que, quando eles são bebês, os pais conversam muito, mas quando eles vão crescendo, essas conversas diminuem e essa carência termina sendo explícita em choros, traquinagens, birras e outras formas que as crianças encontram para chamar a atenção dos pais.

Quando o filho ainda é muito pequeno e os pais ainda estão conhecendo o seu comportamento, muitas vezes, falham na comunicação pela pressa em querer fazer parar um choro, por exemplo. Os pais acham mais fácil oferecer uma mamadeira ou mesmo dar o peito, do que parar e entender o que realmente a criança quer e/ou precisa. Se permanecemos agradando o filho só pela boca, podemos criar na criança o vício de querer comer a qualquer hora, e com isso iniciarmos um problema de obesidade infantil, tão comum nos dias atuais.

Outra forma de comunicação importante nessa fase, é deixar claro os espaços. Se uma criança está na fase de andar, ela já deve dormir no seu quarto, e respeitar isso evitará problemas graves para os pais no futuro. Portanto, estabeleça desde cedo os espaços e os diretos de cada um, para que o filho comece a perceber como é viver em comunidade.

A pior coisa que pode acontecer é você confundir a cabeça do seu filho, deixando-o dormir com você nas noites que está de bom humor, e em outras não. Ele nunca irá entender qual o espaço dele. Pior ainda é você deixar ele dormir sempre. Isso não dará a ele a independência de que precisa, e pior ainda, nunca dará a você e seu cônjuge o necessário espaço do casal, reduzindo a atividade sexual de vocês e/ou colocando a criança sob o risco de presenciar algo que ela não deve presenciar. Inclusive deve-se atentar para o fato de que expor uma criança a esse tipo de situação, ainda que sem intenção, pode configurar-se como abuso sexual.

Outro cuidado necessário à comunicação é informar de antemão o que é certo e o que é errado. Se ele joga a comida no chão, os pais não podem achar isso engraçado e brincar com a situação, mas devem, sim, mostrar o que é certo fazer com os alimentos e a refeição. Se ela jogar um brinquedo, ao invés de os pais abaixarem-se e pegá-lo, devem agir de igual modo, aproveitando o acorrido para promover ensino, mostrando o que é certo.

Essas são situações triviais, mas com as quais precisamos estar atentos, pois o que parece divertido no começo acabará sendo incorporado à criança, e ela assimilará essa ideia de desorganização e bagunça que você, mesmo sem pretender, acabou ensinando. É possível que você considere essa forma de agir mais trabalhosa. E ela realmente é. Pelo menos no começo. Contudo, depois, você perceberá que o aprendizado de fato acontece, e com isso seu trabalho fica menos pesado e mais efetivo. É um esforço que vale à pena.

A LINGUAGEM DA PRESENÇA

DARRELL

Sabe aquela hora linda em que você e seu cônjuge se abraçam e se beijam, e a criança chega perto e, às vezes, se enfia entre vocês? E se a criança for pequeninha e, principalmente, se for menino, ainda diz "A mamãe é minha!"? Sim essa é a fase em que a linguagem principal é a presença dos pais. É tudo que eles mais querem.

Nessa fase, a questão na relação com os filhos não é o tempo que os pais ficam com eles, mas, sim, a forma como eles passam esse tempo. Mas do que isso, cada um, pai e mãe, tem uma forma diferente de apreciar esse tempo com seus filhos e, claro, uma forma peculiar.

Por exemplo, Márcia e eu temos dois filhos menores que são meninos, e meninos adoram brincar de luta, o que Márcia detesta. Contudo, eles se sentem amados quando acordam, vão para nossa cama, e começamos uma guerra de travesseiro, uma brincadeira de "quem é o rei", tentando imobilizar o outro, e claro, desarrumando completamente todo o lençol da cama.

Para Márcia, isso é o fim do mundo, e ela reclama com a gente ou sai logo do quarto para não olhar aquela bagunça toda. No perfil dela, aquilo nunca seria um momento de prazer. Já, para mim e os meninos, é um dos tempos mais divertidos e íntimos que temos.

Claro que eles podem cair, se machucar, e ela, como mãe está avaliando todos os riscos envolvidos naquele processo, enquanto eu estou consciente de que é meu momento de proximidade com eles. E, para as crianças, é o momento de diversão com um pai, que naquela hora vira amigo e aproveita o mesmo que eles.

Saber o que você pode fazer para criar esse momento com seus filhos é importante para que vocês possam ter uma intimidade maior e um tempo de qualidade entre vocês.

Não se esqueça, porém, que a qualidade do tempo é fundamental; é ela que vai gerar a verdadeira conexão. Muita gente usa a DE de que ficou em casa para ficar com os filhos, quando, na verdade, ficou assistiu à TV, atualizou as redes sociais, leu um livro e, na verdade, não dedicou tempo algum de qualidade para/com os filhos, olhando nos olhos deles, dizendo o que realmente os filhos gostariam de ouvir ou vivendo o que eles desejam viver com os pais.

#PraPensar

- Você tem tido tempo de qualidade com seus filhos?
- O que você comunica quando fica em casa, mas gasta o tempo entre o uso do celular, assistir à tv ou outra atividade que não seja curtir as crianças?
- Que atitudes novas você pode ter para dedicar tempo de qualidade com seus filhos, fazendo o que eles gostam?

OS SEM LINGUAGEM

Se você acha difícil a comunicação entre marido e mulher, irá surpreender-se muito quando seu filho for adolescente. Aí, sim, terá um desafio grande de conexão. Se ele já chegou nessa idade, você bem sabe do que estamos falando. Parece até que eles falam outra língua. Por mais que você queira entendê-lo, isso nem sempre é uma tarefa muito fácil. Mesmo porque, em algumas situações, eles nem dizem nada, ou usam aqueles longos dialetos: "Tá", "ok", "ham", "foi", "bom", "hum"... E as mães, principalmente, quase explodem de raiva, querendo que a filha conte algo sobre a festa a que foi, ou sobre o que aconteceu de diferente naquele dia, e o máximo que ouve é: "foi bom", "legal". Você já teve essa experiência?

Por conta disso, muitos pais caem no engano de quererem melhorar a comunicação com seus filhos dando a eles coisas que eles querem muito, sejam bens materiais, seja permissão para fazer coisas que, às vezes, ainda não é o ideal na idade deles. *O que precisamos entender é que devemos, independentemente da idade dos nossos filhos, darmos a eles o que eles precisam e não o que eles querem.*

Segundo afirma o psiquiatra cristão Ross Campbell,[21] alguns estudos demonstram que 93% dos adolescentes acham que ninguém os ama ou cuida deles. É claro que não temos apenas 7% dos pais que amam seus filhos adolescentes. A questão é "quanto" eles se sentem amados ou cuidados.

E amar não é só ser bonzinho. Amar é cuidar, proteger, mas também é dar limites. Uma das grandes dificuldades dos pais nessa fase é comunicar para os filhos as suas obrigações. Como os filhos estão "rebeldes" e reclamam de tudo, como os pais ainda vão falar de algo a mais para os filhos fazerem? E é exatamente aí que mora o perigo. Se seu filho não é responsável a ponto de arrumar o próprio quarto, como ele pode ter a responsabilidade para dirigir um carro? Se nessa fase não ensinarmos as responsabilidades, mesmo tendo de ser duros em alguns momentos, criaremos adultos irresponsáveis, e o preço que teremos de pagar é muito alto; se agirmos frouxamente, a conta que nossos filhos terão de pagar será ainda mais cara e todos sairão perdendo.

Um dos maiores problemas que os pais enfrentam com seus filhos na fase da adolescência tem a ver com a ida deles à igreja local. Olha, em nenhuma outra fase da vida é mais importante a ida de um filho à igreja, pois essa é a fase que se configura como a porta de entrada para a vida adulta. Se ele não percebe nessa fase a importância de congregar, se acha que pode ir ao culto quando tiver vontade ou que não precisa ir, provavelmente, quando ficar adulto, ir aos cultos será algo ainda menos importante. Portanto, não negocie esse compromisso. Procure para seus filhos amigos novos, que sejam da igreja; busque programas e atividades que possam envolvê-los e, mesmo que você os tenha de levar em horários que não sejam convenientes para você, vá, pois valerá a pena. Afinal, terrível seria eles se desmotivarem com a igreja e se perderem jogados no mundo.

Na infância, normalmente os filhos adquirem as convicções dos pais. O que os pais acreditam, eles acreditam; nessa fase, os pais são como super-heróis para os filhos, os detentores da verdade. No entanto, quando chega a adolescência, eles começam a questionar as verdades que os pais lhes passaram. Entretanto, aqueles pais que criaram uma conexão poderosa com seus filhos, construíram um relacionamento sólido e têm um relacionamento saudável com eles, conseguirão que seus filhos sigam essas convicções. Claro que não no mesmo patamar de quando eram crianças, mas, como construíram uma relação tão próxima de amizade e confiança, será natural que queriam seguir os pais. Já aqueles pais que foram distantes na infância, terão muito mais dificuldade nessa fase em fazer que os filhos sigam suas convicções.

No livro *Ajuda do céu para o seu lar,* o escritor Howard Hendricks diz que:

> "Se você tem um relacionamento ruim com seu adolescente, ele tenderá a reagir e se distanciar bastante. Quanto mais pressão você colocar, mais afastado ou distante o adolescente ficará, em uma tentativa de provar que ele não necessita realmente de você."[22] Agora, se você construiu um relacionamento saudável com seus filhos antes dessa fase, quando ela chegar, ele não precisará confrontar você para provar nada. Por isso, a cada momento da vida precisamos nos comunicar corretamente e os aproximar dos propósitos de Deus.

Então, nunca se esqueça de se conectar com o coração do seu filho adolescente, porque essa é a melhor maneira de influenciar essa geração.

6 PASSOS PARA PATERNIDADE SAUDÁVEL

Pais que deixam um legado digno de ser seguido praticam uma paternidade saudável. Então, com objetivo de ajudar você no estabelecimento de conexão com seus filhos, compartilharemos seis passos para uma paternidade saudável.[23]

Para ilustrar esse ensinamento, usaremos a metáfora do filho como cliente, e da sua casa e família como um negócio.

Imagine que, para se comunicar melhor com seus filhos, você tenha de pensar neles como clientes, os quais precisam ser considerados os mais importantes quando chegam a um estabelecimento. O seu negócio é a sua casa e a sua família, cujos principais clientes são seus filhos, que precisam ser bem-atendidos. Eles precisam se sentir bem e felizes, para sempre desejarem voltar, nunca desejarem sair e se sentirem muito satisfeitos, a ponto de dizer para todos que eles vivem no melhor lugar do mundo. Para isso, siga os seguintes passos:

1. Pare

A gente tem mania de viver em um mundo muito agitado. Tudo é para ontem, e pouco nos dedicamos a ter um tempo neutro, parado, sem fazer nada. Desacelerar e se concentrar em algo é necessário para que possamos observar verdadeiramente o que está acontecendo. Portanto, se seu filho chegou perto de você, PARE.

2. Ouça

Uma das grandes dificuldades que temos como pais é achar que já sabemos de tudo; e temos mania de tentar adivinhar o que a criança quer. Com isso, além de não descobrimos o que de fato ela deseja, criamos filhos sem iniciativa e acomodados, porque passaram a vida sem precisar sequer dizer o que queriam, pois os pais já respondiam/providenciavam.

3. Olhe

Qual foi a última vez que você olhou nos olhos do seu filho? As pessoas têm o hábito frio de falar sem olhar nos olhos, mas você só descobrirá uma intimidade verdadeira olhando dentro dos olhos da pessoa. E não é diferente com seus filhos.

4. Pense

Pense bem antes de responder. Nem sempre a resposta mais fácil será a melhor. Lembre-se sempre das consequências, pois o que você disser pode marcar a vida de seus filhos para sempre. Se você se der tempo para pensar, poderá das uma resposta melhor, mais adequada e impactante, e isso ajudará a tornar seus filhos pessoas melhores lá na frente; do contrário, você estará enterrando as possibilidades dele de crescimento.

5. Aja

Tome uma atitude. Mostre ao seu filho o caminho, diga o que você já vivenciou a respeito desse assunto ou, se você não souber o caminho, buscará em Deus a direção para cada assunto específico e, então, a partir da sua experiência, voltará com a resposta certa para ele. Se possível, preferencialmente, proponha fazer o caminho com ele, pois saber que você está junto muda tudo na vida de seu filho.

6. Ame

Nada se compara ao amor! Por isso, em qualquer situação que você queira construir uma paternidade saudável, lembre-se do amor. Ame ao parar, ouvir, olhar, pensando no que vai responder e na forma como você irá falar. O amor muda tudo!

MÉTODO ATA

Uma última ferramenta que queremos compartilhar com você, para que possa conectar-se com seus filhos e beneficiar-se do poder dessa conexão, independentemente da idade que eles tenham, é o que chamamos de método ATA. Saiba que quem "ata" através desse método não "desata" mais de suas crias.

O método trata-se de três atitudes simples, mas que, se praticadas, podem mudar sua família. É bom que você o anote em algum lugar de fácil visualização:

1. Atenção

Todo mundo precisa de atenção. Tanto nós quanto você gostamos de ser vistos, notados e amados, e quando alguém nos dá atenção, nos sentimos valorizados. Assim também é com seus filhos. Uma criança hiperativa, que mexe em tudo, quebra as coisas, muitas vezes, só faz isso como uma forma de chamar atenção dos pais.

Muitos pais voltam para casa, depois de um dia intenso de trabalho, às vezes muito cansados, e logo colocam a criança para dormir.

O problema é que essa criança esperou pelo pai e a mãe durante todo o dia, e quando ele finalmente chega, ao invés de dedicar um tempo para brincar e dar a atenção devida à criança, os pais a colocam para dormir e correm para a televisão ou para o celular. Assim, o tempo que deveria ser investido criando conexão e relacionamento com aquela criança não é usado para esse fim, e claro, os resultados disso virão no futuro. Portanto, procure sempre aumentar o nível da atenção verdadeira dedicada a seus filhos.

2. Tempo

Quem ama dedica tempo, tempo de verdade; reserva tempo na agenda para os filhos. Já vimos a grande diferença que o tempo de qualidade faz na vida de nossos filhos quando o assunto é demonstrar amor. Então, se você acredita que seus filhos são muito importantes, precisa de uma agenda propositiva, intencional; de um tempo com eles, e que eles saibam que aquele tempo é de vocês com eles.

3. Ação

As coisas só acontecerão depois que você agir. Então, de nada adianta ler todo esse material, fazer um curso, se não houver mudança de comportamento de sua parte. Suas novas ações é que determinarão se você está criando seus filhos para o mundo ou para fazer diferença no mundo.

Portanto, mãos à massa. Nada pode ser mais importante do que essa missão. Comunique para seus filhos que você está usando o método ATA.

#PraPensar

- De que forma você pode dar mais atenção a seus filhos?
- Que tempo você pode separar só para estar com eles? Quando será, qual a periodicidade e a duração?
- Quais ações você pode tomar ainda essa semana para comunicar algo novo de proximidade com eles?

Vimos neste capítulo que a conexão certa muda destinos. Entretanto, sem disciplina, dificilmente construiremos algo que possa durar por gerações; por isso, no próximo capítulo, aprenderemos como a disciplina pode ser nossa aliada na construção de um legado empolgante na vida dos nossos filhos.

Compromisso de mudança

E aí? Como foi para você pensar na arte de criar filhos? Quais compromissos você assume depois dessa etapa?
EXEMPLO: Eu me comprometo a analisar melhor minha agenda e incluir ali algumas horas para dedicar exclusivamente aos meus filhos.

O PODER DA CONEXÃO   **121**

1. Eu me comprometo a _____
   _____

2. Eu me comprometo a _____
   _____

3. Eu me comprometo a _____
   _____

4. Eu me comprometo a _____
   _____

5. Eu me comprometo a _____
   _____

Dica de filme

DESAFIANDO GIGANTES

Um time de futebol americano sonha vencer a temporada, mas os fracassos são tantos que o treinador que prepara o time há seis anos, Grant Taylor (Kendrick), está a ponto de desistir. No entanto, algo novo acontece e, por meio de uma nova linguagem, ele incentiva o time a viver uma nova fase.

Disciplina é bom e Deus gosta

Pais, não tratem os seus filhos de um jeito que faça com que eles fiquem irritados. Pelo contrário, vocês devem criá-los com a disciplina e os ensinamentos cristãos.

EFÉSIOS 6:4

Nenhuma criança nasce folgada, ela aprende a ser.

IÇAMI TIBA

O texto de Efésios 6:4 talvez seja a melhor forma de começar esse capítulo, porque é comum que os pais, quando olham para disciplina, pensem logo que é algo apenas para cobrar algo que nossos filhos não fizeram e deveriam ter feito ou que fizeram, mas não deveriam ter feito. Muitos pais, inclusive, provocaram traumas em seus filhos, tornando-os rebeldes porque não souberam dosar a disciplina. Usaram e usam a disciplina de forma equivocada e terminam "irritando" os filhos, afastando-os do propósito para o qual eles foram destinados.

A Palavra de Deus é sempre muito clara, nós é que, muitas vezes, nos recusamos a entendê-la. Vamos nos aprofundar nisso.

Nessa passagem de Efésios, Paulo nos convida a exercer a paternidade não com excesso de autoridade, como acontece com alguns pais, que pensam ser chefes de seus filhos em vez de pais. Entretanto, ele sugere que, antes de tudo, para que possamos ganhar o coração da criança, não devemos irritá-las, mas tratá-los de um jeito todo especial.

Deus pede que apliquemos a disciplina, mas que ela esteja ligada ao ensinamento cristão, uma coisa está totalmente vinculada a outra.

Embora existam muitos tipos de filosofias disciplinares, aqui nos basearemos no que a Bíblia ensina, para que possamos lançar filhos para fazer diferença no mundo.

Se pudermos olhar para o maior exemplo de pai que existe — Deus —, poderemos comparar como Ele cuida de nós com disciplina, sendo claro quanto às suas regras, todas escritas na Bíblia, e que, a cada causa, existe uma consequência, mas também existe um Deus presente em amor, cuidadoso e companheiro para todos os momentos.

A disciplina é tão importante que você já deve ter percebido que não existe um único campeão que seja indisciplinado. A disciplina pode até trazer dor temporária ou desconforto eminente, mas o crescimento é para sempre. Se você parar para observar todas as pessoas que tiveram êxito nas mais diversas áreas da vida, verá que elas precisaram de muita disciplina para fazer o que precisavam fazer. E aí, vem algo que é muito importante para nós, pais: a gente também vai precisar de disciplina para disciplinar nossos filhos.

A disciplina pode até trazer dor temporária ou desconforto eminente, mas o crescimento é para sempre.

O dicionário define disciplina como "um conjunto de leis ou ordens que regem certas coletividades".[24] E são essas regras que precisamos passar aos nossos filhos. Disciplina também tem a ver com a criação de novos hábitos. Para emagrecer temos de ter a disciplina para fazer um regime, aliado à prática de exercícios físicos. Se quisermos passar em um concurso público, precisamos de disciplina, pois teremos de estudar muito.

Assim, também a disciplina se faz necessária para nós, como pais, a fim de criarmos nossos filhos para marcarem este mundo, pois como a Bíblia diz, devemos ensinar com persistência, enquanto estivermos sentados e quando estivermos andando ou deitados (Deuteronômio 6:7). Em resumo, a todo momento. Precisamos de disciplina para não desistir, como muitos têm feito. Precisamos de disciplina para emagrecer, para começar a ler um livro e terminar a leitura, para iniciar e manter uma rotina de oração e tempo devocional; e precisamos de disciplina também para criar filhos que sigam os propósitos de Deus e façam a diferença nesse mundo. Precisamos seguir firmes nessa missão.

Alegramo-nos pelo fato de você ter decidido comprometer-se com esse propósito e por estar conosco na construção de um legado que abençoará até mil gerações. Parabéns por sua atitude!

Retomando a disciplina a ser ensinada aos filhos, precisamos lembrar que é exatamente na fase da infância que moldamos o comportamento dos nossos filhos e, se ele aprende que existem regras, deveres, lá na frente aceitará isso mais facilmente e viverá melhor. A Bíblia diz isso de uma forma muito clara: "É bom corrigir e disciplinar a criança. Quando todas as suas vontades são feitas, ela acaba fazendo a sua mãe passar vergonha" (Provérbios 29:15).

E o que fazer naquela cena clássica a qual, num "ataque de terrorismo", um filho pequeno protagoniza no corredor do supermercado? Sim, aquela cena que você já passou na sua vida ou viu alguém passando, e morrendo de vergonha, quando o filho se joga no chão e começa espernear, reclamando de algo que ele quer levar, mas o pai ou mãe não permitiram. Essa, sem dúvida, é uma situação muito chata e é um teste de limites para os pais. Saber como lidar em situações como essa é importante, porém, ainda mais importante é saber como evitar que se chegue a esse extremo.

#ParaRefletir

- Você já vivenciou uma situação em que seu filho ou filha protagonizou um espetáculo de birra em um ambiente público?
- Se sua resposta for "sim", como você reagiu?
- Você acredita que reagiu da melhor forma? Ficou satisfeito com o resultado?

Para que haja uma paternidade saudável é muito importante que você avalie o papel que está exercendo como pai ou mãe. O equilíbrio é sempre o segredo do grande sucesso em qualquer área da vida. Muitos pais pecam exatamente nisso: são exigentes demais, ou permissivos demais. Talvez nada seja mais necessário do que manter o equilíbrio quando o assunto é disciplina.

O livro de Provérbios explica desta forma: "Todo o que ama a disciplina ama o conhecimento, mas aquele que odeia a repreensão é tolo" (Provérbios 12:1).

O renomado autor Kevin Leman[25] traz uma perspectiva bastante interessante sobre o papel dos pais na disciplina dos filhos. Ele indica que, em seus estudos, identificou os três estilos mais comuns de parentalidade: os autoritários, os permissivos e os firmes. Qual será o seu?

- **Estilo autoritário:** é aquele em que os pais utilizam o braço forte, que não admitem discussão e detêm o controle de tudo. Esse modelo, muito adotado no passado, causou traumas em muitas crianças. Agora, que elas se tornaram adultas e carregam marcas desse modelo de criação e forma de disciplina, decidiram criar seus filhos utilizando um modelo completamente oposto àquele em que foram criados.
- **Estilo permissivo:** esse é o estilo daqueles que reduzem tudo pelo "amor, amor, amor". Criam os filhos apenas com

direitos, tratam-nas como "iguais" aos pais e, muitas vezes, as colocam como o centro do universo. *Nenhuma pessoa pode ser individualmente mais importante do que a família como um todo*, muito menos deter maior importância que Deus; nem o seu filho, nem seu marido, nem esposa.

- **Estilo firme:** esses não provocam raiva nos filhos, mas em vez disso criam os filhos no treinamento e na instrução do Senhor. Nesse estilo parental, que nós particularmente consideramos saudável e tentamos implementar na nossa casa, os filhos têm limites consistentes, têm oportunidade de tomar decisões e arcar com suas consequências. Existe respeito e amor entre ambas as partes e o foco está no relacionamento entre pais e filhos, e não em um conjunto de regras. E você também pode buscar esse modelo para o seu lar. Criando seus filhos assim, eles poderão seguir com o legado que você deixou para eles e, dessa forma, abençoar até mil gerações.

#ParaRefletir

- Qual desses estilos de parentalidade mais se parece com o seu atualmente?
    - [ ] Autoritário
    - [ ] Permissivo
    - [ ] Firme
- Caso seja necessário, quais comportamentos você precisa abandonar para passar a outro patamar de paternidade?
- Quais comportamentos você precisa adotar, caso seja necessário, para passar a outro patamar de paternidade?

REGRAS, REGRAS E REGRAS.
PARA QUE REGRAS?

Você já imaginou se não houvesse sinais de trânsito, especialmente nos cruzamentos? Se não houvesse delimitação pela faixa indicativa de ir e vir? Se não houvesse placas indicativas de locais onde se possa ou não estacionar? Se não fosse obrigatório o uso do cinto de segurança, ou não houvesse problemas em dirigir embriagado e acima dos limites de velocidade? O trânsito seria um verdadeiro caos, especialmente nas grandes cidades, certo?

Na sua casa acontece a mesma coisa. Se não houver regras ou se as regras existentes não forem claras, com todos sabendo o que podem e o que não podem fazer, e suas consequências, algo sempre dará errado, e o caos estará estabelecido.

Todo pai e mãe quer ter filhos obedientes, mas como ter a obediência se, muitas vezes, não é claro para eles quais são as regras da família, qual a conduta esperada deles, o que podem e o que não podem?

A Bíblia ordena: "Lembre a todo que se sujeita aos governantes e às autoridades, sejam obedientes, estejam sempre prontos a fazer tudo o que é bom" (Tito 3:1). Contudo, como seus filhos obedecerão às autoridades da casa, que são os pais, se as regras não são claras?

Quando você foi tirar sua carteira de habilitação, o instrutor da escola de formação de condutores deve ter explicado a você a respeito das placas de limite de velocidade, sobre o que significavam os sinais verde, amarelo e vermelho, e que todas as suas infrações às leis de trânsito gerariam uma multa, podendo chegar à perda do seu direito de dirigir. Claro que, por conta disso, você tem muito mais cuidado ao dirigir.

#PraPensar

- Você tem regras claras para seus filhos em sua casa?
    - ☐ sim
    - ☐ não

- Quais regras são comuns para você e já foram conversadas com eles?
- Quando a regra não é cumprida em sua casa, como você reage?

Estabelecer regras claras permite que a criança saiba o que esperamos dela. Ao saber disso, ela gera um controle interno e começa a fazer as coisas dentro dessa perspectiva. Os filhos sabem que, se obedecem, estão agradando ao pais e a si mesmos (mesmo que, no momento, elas achem desagradável obedecer), e todos ficam felizes; mas sua desobediência causará tristeza a si mesmos e aos pais, e existe uma consequência para aquilo, e é algo de que eles não gostam.

Quando as regras são claramente estabelecidas, ajuda a criança em todas as próximas fases da vida, pois em qualquer grupo de que fizer parte haverá regras e ela será cobrada pelo cumprimento ou descumprimento dessas regras, seja na escola ou faculdade, no trabalho, nos esportes ou na comunidade em que vivem.

O PERIGO DA DISCIPLINA

Infelizmente, nem todos os processos de disciplina dão certo. Muitas pessoas foram feridas, carregam marcas e sofrem até hoje por terem sido disciplinadas da forma errada.

A Bíblia nos lembra de que os pais não devem irritar seus filhos, para que eles não desanimem (Colossenses 3:21). Isso quer dizer que, toda vez que a gente usa a disciplina de forma errada, estamos irritando, desanimando, afastando, tirando nossos filhos do caminho que o Senhor tem para eles. Quantos filhos estão insatisfeitos, não querem saber das coisas de Deus... Muitos estão longe da igreja, da sua família, do caminho que os pais queriam que eles trilhassem, simplesmente porque, em algum momento, os pais usaram a disciplina de forma equivocada.

Cuidado, se você usa de autoritarismo, e não a autoridade, poderá criar um muro onde deveria existir uma ponte no relacionamento com seus filhos. Atitudes como dar ordem sem explicar a razão, lançando mão de declarações, como "Sou eu que tô mandando!", "É para fazer e pronto", "Sou sua mãe e não tenho que lhe dar explicações", futuramente causarão problemas para você e para toda a família, caso você insista em as utilizar.

#PraPensar

- E aí? Você tem usado algum desses bordões ou falado coisas que sem perceber estão "irritando" seus filhos?
- Quais bordões/frases feitas você tem usado e que certamente estão marcando a vida de seus filhos?
- Como você pode ressignificar essas frases de forma mais positiva e incentivadora, para falar a mesma coisa para seus filhos sem os afastar?

Há uma frase muito famosa do século 16 atribuída ao médico e físico suíço-alemão Paracelso, que diz que "A diferença entre o remédio e o veneno é a dose".[26] A disciplina é o remédio para proteger nossos filhos dos males do mundo, mas, se dada na dose incorreta, pode virar um veneno. E isso acontece também quando somos incoerentes. Cobrar deles algo que não fazemos, como bloquear o acesso a uma rede social ou tela, e a criança observar que passamos o dia todo conectados, gerará nela um sentimento de insegurança enorme, principalmente se a punirmos por um erro no qual nós próprios incorremos.

A disciplina é o remédio para proteger nossos filhos dos males do mundo, mas, se dada na dose incorreta, pode virar um veneno.

Outra incoerência é quando somos inconsistentes na disciplina, porque os filhos observarão que, muitas vezes, você ameaça, mas nem sempre cumpre a ameaça que fez. Com essa prática, você estará abrindo brechas para ele se manter fora das normas e desfazendo todo o ensino que a disciplina traria.

VOCÊ NÃO GANHA NADA IRRITANDO SEUS FILHOS

Um dos erros clássicos de muitos pais é focar sempre nas ações da criança em vez de focar no problema e corrigir o comportamento. Se o filho erra, variando pelo perfil do pai ou da mãe, ambos ficam irritados, e o que vemos é uma alternância de gritos, xingamentos, menosprezo pela criança e o velho e repetido castigo. Isso sem falar naqueles que batem nas crianças, muitas vezes transformando o filho em um saco de pancadas, sem que, em certas situações, ele saiba porque apanhou, desanimando-o de coisas boas que estava construindo até então.

Muitas vezes, a punição focada na criança nos tira a atenção do problema como não o notamos, mais cedo ou mais tarde estaremos estressados novamente e com aquele mesmo discurso: "Esse menino não tem jeito", "Eu já falei mil vezes".

Claro que isso não funciona, e só vai marcar negativamente a criança, vai irritá-la ao invés de ajudar a resolver a questão da disciplina. Em lugar de usar aquele plano ultrapassado de dizer: "Eu não disse, você sempre faz as coisas erradas", que tal você olhar nos olhos da criança e tentar reconhecer o que ela está querendo dizer com aquela atitude? Que tal, depois de se colocar no lugar dela, em vez de agir como sempre você surpreendê-la com uma atitude diferente?

Se você conseguir fazer isso, poderá, em um momento mais apropriado, sem forte emoção ou raiva, conversar e ensinar a seu filho a forma correta e mais adequada para ele fazer aquilo que tanto o incomodou. Talvez o que seu filho está fazendo seja apenas para chamar a sua atenção, e quando você o irrita, não consegue ensinar nada a ele e só cria uma atmosfera prejudicial entre vocês.

O escritor Kevin Leman cita:

Um dos maiores problemas que vejo em muitas famílias [...] é que os pais disciplinam os filhos, mas não conseguem comunicar a disciplina com amor. É como se não conseguissem fazer um bom trabalho disciplinador se não forem bravos, frios, alheios ou severos. Só mais tarde, depois que esfriam a cabeça, eles acham possível ser amigável e amoroso com os filhos de novo.[27]

Uma paternidade saudável pede firmeza para rejeitar o comportamento errado, mas também muito amor com quem é muito importante para nós. Faça seu filho se sentir amado, toque no bracinho dele, enquanto você explica o que ele fez de errado e as consequências daquilo, para que fisicamente ele se sinta abraçado, e não só naquele momento "de dor" e "perda" que ele está vivendo.

Vale a pena também fazermos uma autoavaliação do que a gente está vivendo atualmente, pois muito do que fazemos com os nossos filhos é fruto do momento que estamos vivendo e, às vezes, descarregamos em quem mais amamos. Nunca se esqueça do alerta bíblico: "A resposta delicada acalma o furor, mas a palavra dura aumenta a raiva" (Provérbios 15:1).

#PraPensar

- Como você tem sido com seus filhos?
- Qual das frases a seguir define melhor você como pai ou mãe?

   ☐ Papel de embrulhar prego – "Superignorante"
   ☐ Nem cheira, nem fede – "Tô nem aí, a casa pode cair"
   ☐ Altos e baixos – "Às vezes grito, às vezes amasso"
   ☐ Fada-madrinha – "Faço tudo que eles querem"
   ☐ Eu me defino como: _____
   _____
   _____

O RESPEITO À AUTORIDADE

A partir da leitura de Lucas 2:52, entendemos que "É dever dos pais conduzir os filhos à maturidade corporal, intelectual e espiritual. Deus nos reveste de autoridade para isso e, claramente, é uma autoridade que se reverte em serviço. Assim, eles devem crescer em sabedoria, tamanho e graça diante de Deus e dos homens"*.

Grande parte dos pais dos nossos dias é parte de uma geração em que o estilo de educação se baseava no autoritarismo: os pais gritavam, determinavam o que iria acontecer, e coitado de quem ousasse os desobedecer. A questão é que, por medo de repetir esse estilo autoritário, os pais da geração atual confundiram autoritarismo com autoridade, e se afastaram de seu papel de autoridade da casa, criando, assim, um estilo de educação extremamente permissivo. Nesse modelo, esconde-se a figura de autoridade da casa, e onde não há autoridade, não existe obediência. Talvez, por isso, tenhamos tantas pessoas inseguras hoje em dia, pois a falta de autoridade verdadeira na infância cria adultos muito mais inseguros.

> *A falta de autoridade verdadeira na infância cria adultos muito mais inseguros.*

Muitos pais, por medo de impor sua autoridade e temendo traumatizar a criança, terminam traumatizando os filhos muito mais pela falta de uma ação corretiva capaz de ensinar o certo e o errado; e, no futuro, porque não entende o princípio de autoridade, a criança enfrentará problemas. Se seu filho não respeita o princípio de autoridade em você, que está perto dele e pode ser fisicamente visto por ele, como ele respeitará a autoridade de Deus quando adulto?

---

*Mães que oram por seus hilhos. Disponível em: (20+) Facebook. Acesso em: 20 fev. 2023.

Agora, claro, tudo isso deve ser feito com muito amor. Quem cita isso de forma muito clara é o autor Kevin Leman. Ele diz que: "O lar deveria ser um reflexo do amor de Deus. Deus tem autoridade sobre pais, mas Ele dá a seus filhos liberdade e amor. Os pais têm autoridade sobre os filhos, e os filhos também deveriam ter liberdade e amor".[28]

#PraPensar

- Analise a autoridade que tem sobre seus filhos e responda algo importante: você precisa levantar a voz para eles obedecerem?
- Seus filhos obedecem da primeira vez que você fala ou você precisa repetir várias vezes?
- É necessário você usar a autoridade de outra pessoa (pai, mãe ou avô/avó) para que ele obedeça? Ou ele obedece ao seu comando sem precisar envolver o nome de outra pessoa?
- Você tem por hábito fazer ameaça do tipo "se não fizer isso, vai perder aquilo" para eles obedecerem?

A SÍNDROME DO IMPERADOR

A preocupação em fazer o filho feliz, sem saber o que realmente o faria feliz de verdade, termina tornando-o o centro das atenções. Com isso, ao impedir que seu filho se frustre, os pais criam proteções desnecessárias para o crescimento e vão aleijando os filhos, impedindo-os de se desenvolverem, como toda criança precisa.

Esses pais acreditam na ideia de que tem de fazer o filho feliz a qualquer custo. No entanto, se o filho não se frusta, se não aprende a ceder, a negociar e a esperar, se tudo vem fácil, ele nunca vai crescer e estar pronto para o propósito para o qual foi criado.

Ficará mais fraco para os desafios da vida por não ter desenvolvido a autonomia.

Isso é o que os psicólogos chamam de "a síndrome do imperador". Quando as crianças não aprenderam a se controlar, nem a ter limites para seus sentimentos e emoções, por não terem sido disciplinadas corretamente, elas começam a manipular os pais, e, conhecendo seus pontos fracos, ameaçam, atacam e usam argumentos para terem satisfeitos seus caprichos e desejos; quando não são atendidas, choram, esperneiam e fazem as birras, as quais rapidamente levam seus pais a fazerem o que esses novos imperadores da casa desejam.

Segundo o psicoterapeuta, escritor e palestrante Leo Fraiman,[29] os "filhos imperadores" escolhem a comida que vai ser feita, onde a família vai passar as férias, o que vai ser visto na televisão, a hora de ir dormir ou realizar outras atividades, assim por diante. Para atingir os seus fins, gritam, ameaçam e agridem física e psicologicamente seus pais.

Fraiman diz que, para os filhos que sofrem da síndrome do imperador, o nível de amadurecimento no campo da empatia (capacidade de se colocar no lugar da outra pessoa) é subdesenvolvido e, por essa razão, parecem ser incapazes de experimentar sentimentos como amor, culpa, perdão e compaixão.

Para Içami Tiba:

> [...] o erro mais frequente na educação do filho é colocá-lo no topo da casa. O filho não pode ser a razão de viver de um casal. O filho é um dos elementos. O casal tem que deixá-lo, no máximo, no mesmo nível que eles. A sociedade pagará o preço quando alguém é educado achando-se o centro do universo.[30]

Já a psicóloga e escritora Lilian Zolet,[31] autora do livro *Síndrome do imperador: entendendo a mente das crianças mandonas e autoritárias*, cita que impor limites não é simples e errar nas tentativas é comum. Ela diz que, quando os pais não conseguem orientar ou dar limite aos comportamentos inadequados da criança, estão, na verdade, reforçando a atitude errada delas. Com isso, o filho aprende que pode ter tudo o que deseja, no seu tempo e a seu modo, e que as pessoas irão servi-lo, tornando-se um "imperador doméstico".

Zolet completa:

> É importante que os pais reflitam sobre a "herança educacional e emocional" que querem deixar para o filho. O mesmo amor que cuida, acalenta e protege, pode ser excessivo. E quando isso ocorre os pais ficam cegos, perdem o juízo crítico e acabam menosprezando os comportamentos errados dos filhos, banalizando os erros.

A DIFÍCIL ARTE DE IMPOR LIMITES

Sabe, pois, no teu coração, que, como um homem disciplina a seu filho, assim te disciplina o SENHOR, teu Deus (Deuteronômio 8:5).

Esse versículo lembra-nos de quão perdido seríamos na vida se não pudéssemos caminhar na disciplina do Senhor, não entendendo que, sim, existem limites, regras, acordos, e isso faz com que vivamos melhor, quando os entendemos e colocamos em prática.

Sabe o que acontece com um carro quando ele perde o freio em uma estrada? Sim, ele bate, você se machuca, além disso ele pode ferir e até matar alguém. Assim também é na vida. Quando vivemos desenfreadamente, sem limites, podemos machucar-nos, passar de nossos limites e até morrer ou matar.

Como pais e mães, uma das formas mais efetivas que temos para dizer a nossos filhos que os amamos é dizendo "não" para eles. Muitos dos "nãos" que você recebeu foram formadores do seu caráter e contribuíram para formar a pessoa que você é hoje.

Uma das formas mais efetivas que temos para dizer a nossos filhos que os amamos é dizendo "não" para eles.

Lembre-se agora de alguns dos nãos que você recebeu de seus pais. Você pode até ter achado muitos deles ruins quando os ouviu, mas depois percebeu que foi o melhor para você, certo? Quantas coisas seus pais disseram com as quais você não concordava, mas hoje pensa: "Ah se eu soubesse o que eu sei hoje, não teria feito tanta burrada. Bem que meus pais avisaram!".

#PraPensar

- Quais foram os nãos mais importantes que você levou na vida e pelos quais é grato hoje?
- O que teria acontecido se você não tivesse recebido aqueles nãos?

MÁRCIA

Quando os pais se tornam apenas marionetes nas mãos de seus filhos e não assumem o seu papel, falta direcionamento para eles e, claro, terminarão criando filhos sem referência, sem orientação e sem limites.

Certa vez, ouvi uma frase de um psicanalista que dizia mais ou menos o seguinte: "O pai do passado era um autoritário, o do presente é uma figura decorativa, e o do futuro não existirá". Seja repreendido! Eu creio que o que Deus fez durará eternamente (Eclesiastes 3:1) e, sim, o pai sempre existirá, mas precisa assumir seu papel para que não venha, de fato, desaparecer em sua presença e em seu papel na família.

Tanto o pai violento e autoritário quanto o pai permissivo e decorativo são problemáticos; eles representam extremos nos quais você e eu não podemos permanecer. Eles são prejudiciais para nossos filhos e, no futuro, gerarão problemas sérios no caráter, no comportamento e no desenvolvimento da criança.

A Bíblia nos alerta: "Meu filho, não despreze a disciplina do Senhor nem se magoe com a sua repreensão, pois o Senhor disciplina a quem ama, assim como o pai faz ao filho de quem deseja o bem" (Provérbios 3:11,12).

A disciplina é um ato de amor e, portanto, precisa ser feita com amor. Quando deixamos as coisas sem limites impostos, estamos fazendo o oposto do que o amor faz. A melhor maneira de perder autoridade é dar uma ordem que não será cumprida. Quantos nãos uma mãe diz por dia a uma criança? E na infância toda? Quantos deles realmente foram obedecidos?

Segundo Içami Tiba,[32] "A criança que desrespeita o 'não' da mãe ou do pai tende a desrespeitar o 'não' de outras pessoas". E continua: "A criança que costuma desacatar o 'não' torna-se voluntariosa, impulsiva, instável, imediatista e intolerante, prejudicando os outros e também a si própria" e completa "Sua personalidade fica tão frágil que não suporta ser contrariada. Daí, insistir, teimar, fazer birras e chantagens para conseguir o que quer é um comportamento normal".

É claro que essa relação nunca será feliz, nem para a mãe, nem para a criança. A mãe que se engana, achando que está agradando em não confrontar, lá na frente receberá uma conta com valor altíssimo e terá de pagá-la.

ENSINAR LIMITES É ENSINAR A VIVER

Não há como pensar na possibilidade de deixar um legado digno de ser seguido sem que estejamos atentos à questão dos limites.

Somos conscientes de que limites são necessários, mas nem sempre é fácil os estabelecer e fazer com que sejam respeitados. Muitas vezes, por não dizermos "não" aos filhos, acabamos sendo controlados por eles, que, em muitos casos, nos manipulam sem que percebamos.

Alfred Adler,[33] o pai da psicologia individual, afirmou que todo comportamento humano tem algum tipo de objetivo. Para ele, "Nenhum ser humano poderia pensar, sentir, querer ou sonhar sem todas essas atividades serem determinadas, continuadas, modificadas e dirigidas por um objetivo sempre presente".

Isso quer dizer que tudo que seus filhos fazem tem, sim, um objetivo. Eles agem com um comportamento porque imaginam que aquele comportamento gerará um resultado. Por isso, seu filho pequeno "mia" quando você não dá o que ele quer. Ele acredita que, se "miar", vai receber. Assim que ele recebe o que ele faz? Para de chorar. Todos nós já passamos por isso em algum momento. Mesmo assim temos dificuldade para dizer "não" e vamos nos moldando ao que é melhor para nossos filhos naquele momento, e não para a educação deles como um todo e considerando o futuro no médio e no longo prazo.

E QUANDO O CARRO NÃO TEM FREIO?

Quando não impomos limites, também demonstramos falta de cuidado, e a criança pode não se sentir amada e pensar: "Já que os meus pais não se importam com o que eu faço, também não se importam comigo". Esse pode ser um sentimento que seu filho comece a desenvolver, e que afaste vocês.

Pais ausentes por conta do trabalho, ou mesmo por morarem em casas diferentes dos filhos, nas poucas vezes em que encontram seus filhos, mostram-se permissivos devido àquele pensamento: "Já fico tanto tempo fora, e no pouco que estou com ele(a) ainda ficar cobrando não é legal". E nisso, deixam a criança fazer o que bem quer.

Içami Tiba, que deixou um legado enorme para educação no país, certa feita disse: "O principal 'veneno' da educação dos filhos é a culpa. Culpa de trabalhar fora, quando pensa que devia estar com os filhos. Culpa de estar com os filhos, quando acha que devia estar trabalhando".

Essa culpa termina nos afastando da nossa principal missão e do equilíbrio entre todas nas áreas de nossa vida, pois não podemos ser pais e profissionais em 100% do nosso tempo, por isso entender como equilibrar e dosar tudo o que fazemos é tão importante para uma vida saudável.

As cobranças exageradas a nós mesmos também são prejudiciais, e isso pode nos levar àquele extremo de, por conta disso, não querermos colocar limites para os filhos, como forma de os compensar por nossa falta de tempo com eles.

A Palavra de Deus alerta para o seguinte: "Não removas os limites antigos que fizeram teus pais" (Provérbios 22:28). Isso reforça o quanto precisamos manter os limites e ensinar a nossos filhos a importância de os respeitar.

O pastor Josué Gonçalves[34] retrata isso quando cita que: "O sucesso em todas as áreas da vida depende, em grande parte, da maneira como estabelecemos e respeitamos os limites. A palavra-chave para estabelecer limites é 'não'". Jesus ensinou a esse respeito quando nos orientou: "Seja o seu 'sim', 'sim', e o seu 'não', 'não'; o que passar disso vem do Maligno" (Mateus 5:37). Isso significa que devemos ser firmes quando assumimos qualquer posição. Sempre que não cuidamos das rédeas da nossa família, abrimos brechas para ação do mal em nossa casa.

MÁRCIA

Muitos dos problemas que a sociedade vive hoje (drogas, assaltos, violência, depredação do patrimônio público) têm uma enorme influência de pais ausentes. Geralmente aqueles que se envolvem nessas práticas ou apresentam tais comportamentos são filhos criados sem limites, sem referências e sem freio. As crianças não nasceram folgadas, soltas, sem limites. Elas aprendem a ser assim no momento em que não existe uma barreira que as impeça de ir aonde desejam.

Certa vez, assisti a uma entrevista com Içami Tiba em que ele disse algo que pode chocar muito os pais, mas que tem tudo a ver com a falta de limite. Ele afirmou: "Nós educamos os filhos para que eles usem drogas"[35]. Ele estava avaliando aquela atitude de pais permissivos que oferecem tudo aos filhos sem exigir nada em troca.

Na entrevista, ele explica que um pai de verdade é aquele que aplica a cidadania familiar, que ensina a criança que, em casa não se pode fazer nada que não se possa fazer na sociedade. Por exemplo, se em uma reunião social não podemos em meio a um almoço sentar-nos e colocar os pés sobre a mesa, em casa também não.

É na infância que aprendemos a lidar com as contrariedades e e aprendemos que todos temos limites. Aprender isso nessa fase fará com que sejamos adultos mais fortes emocionalmente. E mesmo sabendo que para nós é muito mais difícil impor limites, se não o fizermos, lá na frente nossa família pagará um alto preço.

A DISCIPLINA FORMA O CARÁTER

Em Provérbios 19:18 lemos: "Discipline seu filho, pois nisso há esperança", e somos lembrados que o oposto disso pode levar à morte de nossos filhos. Porque, sim, sem disciplina nossos filhos ficam frágeis, perdem o referencial e podem morrer para o destino profético que Deus quer para cada um deles, impedindo-os de construírem seu próprio legado para as gerações que vierem depois deles. Saiba que **o amor verdadeiro exige disciplina.**

Hernandes Dias Lopes, em seu livro *Pai, um homem de valor*, ressalta:

> Quem ama disciplina. Amor sem disciplina é irresponsabilidade. Um pai que queira fazer diferença deve equilibrar correção e encorajamento. Deixar de corrigir os filhos é um grande perigo. Porém a correção precisa ser dosada com encorajamento.[36]

Hernandes continua dizendo que: "[...] filhos precisam se sentir amados, protegidos e orientados. Correção sem encorajamento é castigo; encorajamento sem correção é bajulação. Ambos são nocivos para formação do caráter".

A sequência do fracasso na criação de um filho sem disciplina é essa:

> **AVÓS AUTORITÁRIOS**
> ▼
> **PAIS PERMISSIVOS**
> ▼
> **NETOS SEM LIMITES.**

Por isso, todo esforço para disciplinar nossos filhos hoje fará com que formemos homens e mulheres mais fortes amanhã, perpetuando nosso legado por mais mil gerações.

Contudo, lembre-se de que todo processo médico de tratamento se apresenta em duas modalidades: a medicina preventiva e a corretiva. Na disciplina de nossos filhos, também deveríamos seguir esses dois caminhos.

Muitos pais têm usado apenas a disciplina corretiva; com isso, afastam seus filhos quando a usam de forma isolada. A disciplina tem um efeito que, no longo prazo, pode não ser tão efetiva, mas quando é associada à disciplina preventiva torna a criação de filhos muito mais eficiente. Busque não apenas usar a disciplina para reclamar quando ele fez algo errado, mas use preventivamente para pavimentar um caminho que leve seus filhos a abençoar as próximas gerações.

Para construirmos um forte legado de até mil gerações é preciso também aplicar a disciplina à educação de nossos filhos, e essa será uma ferramenta fundamental nessa jornada com ricos aprendizados para nossa vida. É isso que veremos no próximo capítulo. Será empolgante para você!

✋ Compromisso de mudança

E aí, como foi para você mergulhar na importância da disciplina? Ela já é algo bem comum em seu dia a dia? Ou incluí-la será uma mudança geral em sua rotina? Que compromisso você assume depois dessa etapa de leitura?
EXEMPLO: Eu me comprometo a verificar em quais disciplinas estou falhando com meus filhos e retificá-las.

1. Eu me comprometo a _____
_____

2. Eu me comprometo a _____
_____

3. Eu me comprometo a _____
_____

4. Eu me comprometo a _____
_____

5. Eu me comprometo a _____
_____

🎬 Dica de filme

COACH CARTER – TREINO PARA A VIDA
O filme conta parte da biografia de Ken Carter, treinador de um time de basquete. O filme mostra como lidar com uma equipe que está enfrentando várias derrotas e problemas como a falta de habilidade dos jogadores, indisciplina, agressividade, insubordinação e indiferença dos alunos. As situações apresentadas no filme são também comuns ao ambiente familiar e, portanto, os ensinamentos apresentados nele podem ter grande utilidade para pais e filhos na dinâmica do lar.

8

Educação demais não dói

Porque desde criança você conhece as Sagradas Letras, que são capazes de torná-lo sábio para a salvação mediante a fé em Cristo Jesus.

2 TIMÓTEO 3:15

Criar uma criança é fácil, basta satisfazer-lhe as vontades. Educar é trabalhoso.

IÇAMI TIBA

Numa escola pública estava ocorrendo uma situação inusitada: uma turma de meninas de doze anos, que usava batom todos os dias removia o excesso beijando o espelho do banheiro.

O diretor andava bastante aborrecido, porque o zelador tinha um trabalho enorme para limpar o espelho ao final do dia. Mas, como sempre, na tarde seguinte, lá estavam as mesmas marcas de batom. Chegou a chamar a atenção delas durante quase dois meses, e nada mudou; todos os dias acontecia a mesma coisa.

Um dia, o diretor juntou o bando de meninas e o zelador no banheiro, explicou pacientemente que era muito complicado limpar o espelho com todas aquelas marcas que elas deixaram impressas no espelho. Depois de uma hora falando, e elas com cara de deboche, o diretor pediu ao zelador para demonstrar a dificuldade de realização do trabalho.

Imediatamente, o zelador pegou um pano, molhou no vaso sanitário e passou no espelho. Nunca mais apareceram marcas no espelho! "Há professores e há educadores"! Esse exemplo nos inspira a escolhermos a forma mais efetiva de educar nossos filhos.

Já aprendemos, a partir do texto bíblico de Deuteronômio 6:6,7, que devemos ensinar nossos filhos com persistência, mas, às vezes, com a correria do dia a dia, delegamos a outra pessoa ou instituição a função de educar, que deveria ser prioridade para nós.

Filhos são um presente do Senhor para nós. Ensinar é uma tarefa de tempo integral: sem feriado, sem férias, sem horário de folga. Ser pai e mãe é viver isso intensamente, assim como Deus faz conosco. Lembre-se, porém, de que não adianta você ensinar aos seus filhos os valores corretos se você não os praticar no dia a dia em sua casa. Conversar e ir mostrando aos filhos os detalhes da vida abrem espaço não apenas para eles aprenderem algo novo, mas também para que entendam que nós, pais, estamos com eles ao longo do caminho e disponíveis para que tirem suas dúvidas conosco e saibam como viver de forma que agrade a Deus.

Antecipando as necessidades, podemos conversar com uma filha e explicar que a fase da puberdade está chegando, e com ela virão também mudanças em seu corpo; ela viverá uma experiência nova e sua vida mudará um pouco, já que, a partir de agora, terá um ciclo menstrual todos os meses. Deixar isso claro antes que aconteça, evitará que ela se surpreenda com o ocorrido, mas, principalmente, fará que se sinta segura quando essa mudança em seu corpo ocorrer.

Se você tem um menino em casa, os desafios podem não marcar tanto quanto um ciclo menstrual, mas, sem dúvida, mexerão com ele, principalmente quanto aos seus hormônios, que estarão à flor da pele, despertando desejos e pensamentos que antes ele nem imaginava ter. Se você antecipar o assunto com seu filho, será natural que ele o procure quando essas coisas acontecerem. E, com isso, você cria uma ponte, ao invés de um muro, na fase desafiante da adolescência.

O filosofo Pitágoras disse: "Eduquem as crianças e não será necessário castigar os homens". Podemos trazer essa frase para os dias atuais e dizer a você que educar seu filho hoje evita que o mundo o puna amanhã.

O exemplo do rei Davi torna claro para nós o quanto a falta de educação pode gerar problemas no legado de nossa família. Davi foi um ótimo rei, instrumentista e guerreiro, mas, como pai, deixou muito a desejar; e todo o seu legado foi marcado por uma família totalmente disfuncional. Ele parecia ser um pai amoroso, não maltratava, não parecia deixar faltar nada de que os filhos precisavam, mas faltava o mais importante: sua presença paternal. Na missão mais importante da vida de Davi, ele falhou.

> *Educar seu filho hoje evita que o mundo o puna amanhã.*

A falha de Davi como pai teve consequências desastrosas na vida de seus filhos: Amnom estuprou a própria irmã, cometendo incesto (2Samuel 13); Absalão matou o seu irmão Amnom (2Samuel 13:23) e depois disso rebelou-se contra seu pai (2Samuel 17:27; 18:18). E, como não aprendeu a lição, mesmo tendo passado por tudo isso, Davi também falhou na criação de outro filho, Adonias, que tentou usurpar-lhe o trono quando Davi estava velho e já tinha destinado Salomão para o suceder.

A Bíblia conta a respeito de Adonias que "Seu pai nunca o havia contrariado; nunca lhe perguntava: 'Por que você age assim?'", e por nunca haver sido questionado, pelo fato de Davi nunca o ter educado no que realmente era preciso, colheu, mais uma vez, problemas com sua descendência.

A respeito disso, o pastor Luciano Subirá comenta que:

> Davi não corrigiu como pai e não puniu como rei. Tanto um erro como outro foram expressões impróprias: o descaso de um pai que não se importou em prover ajustes necessários e a injustiça de um governante que foi passivo e negligente. Sem contar com a violação das claras leis divinas que exigiam medidas que não foram tomadas.[37]

LIDANDO COM AS PESSOAS

Existem frases que na geração de nossos pais eram bem comuns, mas caíram no esquecimento na geração de nossos filhos: crianças que dizem "Me desculpe", "Licença", "Por favor", "Bênção, pai", "Bênção, mãe" ou "Muito obrigado" são raridade nos dias de hoje. E de quem é a culpa?

Ensinar nossos filhos a lidar com as pessoas, honrar os mais velhos, respeitar o próximo e ser educados não está fora de moda nem é antiquado. Ensiná-los a proceder dessa forma é uma forma de ensiná-los a serem pessoas melhores.

Quem não gosta de encontrar uma criança bem-educada, atenciosa e que trate os outros com doçura e gentileza? Quem ainda não fica espantado ao ver uma criança grosseira, mal-educada, desrespeitosa e até usando palavras de baixo calão e palavrões?

Por esse motivo, gostamos muito da passagem bíblica de Provérbios 22:6, e sempre voltaremos a ela: "Instrua a criança no caminho em que deve andar, e até quando envelhecer não se desviará dele".

Portanto, se o seu objetivo é ter filhos educados, que respeitem a todos, independentemente da idade, da religião, da raça ou da classe social, dê a eles a melhor instrução por meio do seu exemplo.

A Bíblia nos ensina que a boca fala aquilo de que o coração está cheio (Lucas 6:45). Sendo assim, precisamos encher o coração dos nossos filhos de coisas boas, para que, em ao menor contato com outras pessoas, eles possam refletir o bom perfume de Cristo (2Coríntios 2:14,15a).

Dificilmente nossos filhos falarão palavras doces se eles não virem o exemplo em nós. Se você é aquela pessoa que chega no prédio, não cumprimenta o porteiro, entra mudo no elevador e sai dele calado, sequer cumprimenta as pessoas com um bom-dia ou lhes deseja uma boa tarde, o que você espera que seus filhos façam?

Um outro cuidado que precisamos ter é com as pessoas com as quais convivemos, e se elas agregam ou não na formação de nossos filhos. Além de analisarmos também com quem nossos filhos passam mais tempo.

O escritor Jim Rohn[38] afirma que somos a média das cinco pessoas com que mais convivemos, e nossos filhos também o são. Então, precisamos de cuidado redobrado em relação às pessoas com quem passamos mais tempo, porque, fatalmente, ficaremos muito parecidos com essas pessoas. Se elas não são pessoas que têm os mesmos princípios que os nossos (não valorizam o casamento e a famíli, traem, mentem, enganam e vivem envolvidas em coisas de caráter duvidoso), fatalmente, mais cedo ou mais tarde, começaremos a relativizar essas coisas e a considerá-las "normais", mesmo que não sejam.

De acordo com essa teoria, o meio em que vivemos influencia nossas ações, sentimentos e pensamentos, e isso reflete em todas as áreas da nossa vida. Por isso, aqui vai o alerta: *avalie se as pessoas com quem você convive o aproximam do seu destino ou afastam você do propósito de Deus para o legado que você quer deixar aos seus filhos.*

A família é o primeiro e principal meio em que a criança vive, daí pode ser considerada de grande relevância para a formação do caráter e de bons hábitos. Como pais, precisamos estar atentos com a forma como lidamos uns com os outros dentro e fora do núcleo familiar, pois a cordialidade e o respeito para com o outro também são ferramentas essenciais na construção de um legado que pretende abençoar até mil gerações.

Agora, queremos propor a você a seguinte atividade: pegue um papel e 3 canetas (uma vermelha, uma roxa e uma azul). Escreva o nome das dez pessoas com as quais você mais convive (sejam do trabalho, da igreja, da família ou dos amigos). Use o critério a seguir para escolher a cor com a qual circulará o nome de cada pessoa:

- **Roxa** – Pessoas que vivem um estilo de vida que você não gostaria que seus filhos vivessem. São traidoras, mentirosas, ladras, enganam etc. Vivem o oposto da vida cristã.
- **Vermelho** – Aquelas pessoas que sugam sua energia, que o colocam para baixo, que o desvalorizam; aquelas que, quando você se aproxima delas ou elas de você, já surge um mal-estar; aquelas pessoas que além de não acrescentarem em nada, muitas vezes, ainda atrapalham, mas, que são seus familiares ou colegas de trabalho.
- **Azul** – Pessoas que só de chegar perto já lhe dão alegria, que enaltecem o seu melhor lado, que o aproximam você do seu destino e vivem o estilo de vida que você deseja que seus filhos vivam.

Agora, após feita a marcação, reflita:

- **Pessoas marcadas em roxo**: se você não se sentir fortalecido para influenciá-las, a ponto de mudar a vida delas, evite-as; busque fortalecer a si próprio, ore por elas, mas não deixe que a amizade com pessoas desse tipo afaste você do seu propósito.
- **Pessoas marcadas em vermelho**: são um ponto de atenção. Pode ser uma sogra, um cunhado, o chefe, pessoas que você não tem como evitar, mas com as quais terá de lidar habilmente, a fim de não ser afetada por elas.
- **Pessoas marcadas em azul**: são pessoas nas quais você deve investir tempo (convidar para um café na sua casa, por exemplo) e viver mais perto delas.

LIDANDO COM OS ERROS

Se tem algo difícil para muitos de nós é assumir nossos próprios erros. Com isso, passamos aos nossos filhos a impressão e a imagem de que somos super-heróis, seres humanos infalíveis, quando, na verdade, somos tão suscetíveis a falhas quanto eles. O que seu filho mais precisa é de transparência; todo relacionamento precisa disso. É quando seu filho descobre que você é falho, que pode incorrer em erro, que ele começa a entender que ele também pode errar, e mais, que uma hora ou outra cometerá erros e precisará reconhecer isso.

DARRELL

Lembro-me de uma vez em que, dirigindo nosso carro por uma rua de barro, em um sítio, joguei uma casca de laranja pela janela. Nesse momento Darrell Filho, que na época tinha 6 anos, logo me chamou a atenção, dizendo: "Papai, o senhor sujou a rua!". Naquele momento, uma sensação enorme de culpa caiu sobre mim e algo que parecia "simples", mas não era, trouxe-me à lembrança o poder do exemplo e sua grande capacidade de arrastar outros (em especial, os nossos filhos) para um lado ou para o outro.

Olhei para ele e disse: "É verdade, filho. Papai errou. Não se joga nada pela janela. Papai também erra. Joguei a casca pela janela de forma tão automática que não percebi que estava fazendo algo ruim e que deixaria a rua toda suja". Daquele dia em diante, nunca mais joguei nada pela janela, pois sempre lembrava, não só do meu dever cívico, mas da chamada de atenção que havia recebido do meu próprio filho, de apenas 6 anos.

A capacidade de assumir erros, de mostrar nossa vulnerabilidade e de deixar claro que não somos modelos de perfeição é um aspecto importante que ensina aos nossos filhos a lidarem com os seus próprios erros. A sociedade cobra demais, e nossos filhos viverão em um mundo muito mais agitado que o nosso, mais tecnológico e mais exigente. Se nossa capacidade de educar não for bem tratada, pode fazer com que eles cobrem de si próprios mais do que são capazes de dar, e isso pode gerar uma série de doenças emocionais.

O autor Danny Silk[39] faz três recomendações aos pais que podem ajudar os filhos a utilizarem um erro cometido como oportunidade de aprendizado:

- **Primeira:** você precisa levar seu filho a entender que escolhas externas podem criar mágoas internas, mas que é essa força que o motivará a mudar seu comportamento futuro.
- **Segunda:** você pode aproveitar essa situação para que ele aprenda que é capaz de criar soluções para os seus próprios problemas.
- **Terceira:** você pode mostrar ao seu filho que você e seu cônjuge são fonte de sabedoria e apoio para ele e estarão sempre disponíveis para ajudá-lo na busca de soluções.

Obviamente que seria muito bom se nunca precisássemos reconhecer que erramos ou pedir perdão, mas não é assim. Somos falíveis, incorremos em erro mais vezes do que gostaríamos. Contudo, quando reconhecemos que erramos e pedimos perdão sinceramente, isso se torna uma ferramenta poderosa na construção de um legado que impactará até mil gerações.

#PraPensar

- Você já pediu desculpas a seu filho por algo que você fez de errado?
- Se sim, como ele reagiu?

LINDANDO CONSIGO MESMO

Outro desafio com o qual nossos filhos terão de lidar é o de relacionar-se com eles próprios. Quando passamos muito tempo nas redes sociais, aquele local onde todo mundo parece perfeito, cada vez mais enfrentamos desafios com nossa identidade.

Muitos jovens dos nossos dias sofrem com baixa autoestima, por viverem acompanhando o "palco" das celebridades nas mídias sociais e comparando com os "bastidores" do dia a dia de uma vida comum que todos nós temos. Isso beira à crueldade, pois esse comparativo, quando nossa identidade não está firmada em Cristo, pode levar crianças, adolescentes, jovens, e até adultos, a desenvolverem vários problemas de ordem emocional, principalmente os relacionados à autoestima.

Talvez seu filho tenha dificuldades para lidar com as pessoas por conta de questões relacionadas à baixa autoestima. Josué Gonçalves, escritor, pastor e palestrante, afirma que: "A autoestima é a mola propulsora que impulsiona a criança para o êxito ou para o fracasso. Uma das necessidades básicas do ser humano é o senso de valor próprio".[40]

Quando uma pessoa é desprovida desse senso de valor próprio, é normal que ela se sinta rejeitada e preterida, e viva sempre na expectativa de ser enganada, passada para trás, criando com isso uma barreira de proteção que a impede de se relacionar verdadeiramente com as pessoas. Isso é muito pior do que imaginamos, pois esse senso de imagem negativa de si abalará a estrutura emocional da criança, gerando sentimentos de pessimismos e, futuramente, criarão situações de fracasso.

Josué Gonçalves continua: "Os pais podem desenvolver a autoestima do filho, afirmando as suas qualidades, celebrando com ele cada conquista, ensinando a pensar positivamente sobre si mesmo e sendo uma referência de otimismo".

Em nossa casa, temos adotado essa prática, e hoje é muito natural chegarmos para um dos nossos filhos, logo que ele acorda e dizer: "Você é um campeão", "Você é um vencedor", "Você nasceu para fazer a diferença no mundo", "Você é um profeta das nações; imagem e semelhança de Cristo", "Você é a menina dos olhos de Deus".

Ao repetirem isso, com confiança em sua mente, estão criando uma programação que os ajudará com a autoestima e os blindará contra as ciladas do inimigo. No futuro, quando alguém aparecer, tentando colocá-los para baixo, ou mesmo quiser fazer que eles caiam nas drogas ou façam algo errado, sempre virá à mente deles: "Eu sou um profeta das nações", "Eu nasci para fazer a diferença".

Percebe como declarar quem nossos filhos são em Deus é bem diferente de dizer que eles são burros, que nunca servirão para nada na vida, que a culpa de tudo é dele? Pode ver como essas declarações são poderosas e marcam negativamente a vida de uma criança, prejudicando-a no longo prazo? E além do mais, lembre-se sempre de que a falta da autoestima pode levar a doenças comuns aos jovens de hoje, dentre elas, a anorexia e a depressão, além de dificultar o processo de aprendizagem da criança em fase escolar.

Assim, saiba quem você é em Deus e conduza seus filhos a um relacionamento pessoal com Ele, a fim de que eles também saibam que são filhos amados de um Pai amoroso. Conhecer essa verdade e conduzir seus filhos ao conhecimento dela é imprescindível para se construir um legado que valha a pena ser seguido e que abençoará até mil gerações.

Vamos exercitar? Que tal sair da cadeira? Não, não da cadeira na qual está sentado, lendo este livro, mas da cadeira do comodismo, para pensar como se portar diferentemente e ajudar na formação da autoestima dos seus filhos. Vamos lá?

#PraPensar

- Quais nomes você tem utilizado para chamar seus filhos que podem contribuir para gerar neles uma baixa autoestima? Gordo, feio, fraco, burro, desastrado etc.?

- A partir de agora quais termos você utilizará para dirigir-se ou referir-se a seus filhos, a fim de promover mudança de mentalidade neles e fazer que a autoestima deles seja crescente e bem estabelecida?

LIDANDO COM AS COISAS

Assim que nossa filha Emilly tirou sua carteira de habilitação, vivemos um episódio muito chocante, mas que gerou muito aprendizado, tanto para nós, como pais, mas principalmente para ela. Emilly sempre foi muito acelerada e, claro, levou essa aceleração para o trânsito, naquela fase inicial, o que não é uma atitude aconselhada.

DARRELL

Lembro-me muito bem de que, paralelamente às aulas da autoescola, eu sempre reforçava com ela a importância dos princípios. Dizia a ela que se ela aprendesse os princípios, depois tudo seria mais fácil. Entre eles estava uma frase básica na direção: dirija por você e pelos outros.

Acredito que, por conta de sua vasta experiência de duas semanas como motorista, ela tenha se esquecido desse princípio e, ao cruzar a faixa, derrubou uma moto que vinha passando na faixa ao lado.

Uma jovem de dezoito anos, em uma das avenidas mais movimentadas da cidade, sozinha, com um carro cuja frente estava toda destruída, uma moto caída e duas pessoas deitadas ao chão sendo socorridos pelo Samu, era a cena que ela estava vivenciando naquele momento.

Imagine como foi para ela, com menos de 15 dias de habilitada, viver aquela cena. Graças a Deus as pessoas que estavam na moto não se machucaram de forma grave, mas aquela situação gerou um forte trauma em Emilly, por mais que tenha sido uma batida leve e ela não tenha se machucado.

Depois de notar que os motoqueiros estavam bem, a única coisa que vinha à mente de Emilly era: "Bem que meu pai me avisou. Agora, destruí o carro na minha segunda semana de habilitada e não terei mais carro".

Ela estava triste, insegura, chorando e se sentindo só. Nós tínhamos ali duas opções: focar no problema e reclamar, usando a velha técnica do "Eu avisei", que sabemos não funcionar, ou aproveitar aquela situação para promover ensinamento a Emilly.

Ao chegar ao local do acidente a abraçamos. Ela estava muito chorosa. Fitei-a nos olhos e disse: "Só assim vamos aproveitar para tirar aqueles arranhões da porta, né?". Ao que ela questionou: "Pai, você não vai tomar o meu carro? Não vai brigar comigo?". Aproveitando a oportunidade de ensino, afirmei: "Filha, só bate quem tá no trânsito; esse é um risco que faz parte do ato de dirigir. Agora, é reforçar a atenção para evitar bater novamente. Quanto ao carro, vamos consertar; o prejuízo foi só material, e isso é algo que quebrou e pode ser consertado; a perda foi apenas financeira. O mais importante é Deus ter dado um grande livramento, poupando a sua vida e dos rapazes da moto. A Ele sejam nossa gratidão e louvor".

Imagino que nessa hora o primeiro pensamento dela deve ter sido: "Ufa, me livrei, não vou perder meu carro".

Entretanto, todos sabemos que deste ocorrido ficaram alguns aprendizados para ela, como:

- Para aprender tenho que tentar.
- Devo ter mais atenção e cuidado.
- Eu sou mais importante do que o carro.
- Deus me protege.
- Eu devo louvar e agradecer a Deus sempre.

Como pais, temos de estar atentos e ser cuidadosos com o que ensinamos a nossos filhos, e muitas pessoas têm se confundido, pensando poder usar pessoas para conquistarem seus objetivos. É crucial ter sempre em mente que coisas existem para serem usadas e pessoas para serem amadas; essa é uma ordem que nunca deve ser invertida.

> *Coisas existem para serem usadas e pessoas para serem amadas; essa é uma ordem que nunca deve ser invertida.*

Vamos ilustrar essa questão com uma história de que gostamos muito.

Um homem saiu de casa para admirar seu novíssimo caminhão. Para sua surpresa, encontrou seu filho de 3 anos alegremente martelando a pintura brilhante. O homem correu até a criança, tomou-lhe o martelo e martelou as mãos do pequeno menino como uma forma de castigo. Quando o pai se tranquilizou, levou a criança ao hospital.

Embora o doutor, desesperadamente, tentasse poupar os ossos esmagados, ele teve que amputar os dedos das mãos do menino.

Quando o menino acordou da cirurgia e viu o curativo, ele disse inocentemente: "Papai, eu sinto muito por seu caminhão..." e perguntou: "Mas quando meus dedos voltarão a crescer?".

O pai foi para casa desesperado, pois não sabia o que responder.

Forte né?
Então, reflita a respeito desta história e, na próxima vez que você vir alguém derramar o leite sobre a mesa de jantar, ou quando ouvir o bebê chorando insistentemente, pense antes agir sob efeito da raiva, da impaciência ou da ira, pois isso poderá levá-lo a cometer um ato irremediável contra alguém que o ama.

Caminhões podem ser consertados. Ossos quebrados e sentimentos feridos, na maioria das vezes não podem.

Muito frequentemente não reconhecemos a diferença entre a pessoa e o desempenho. Pessoas cometem erros. Somos autorizados a cometer erros; mas a ação tomada durante um acesso de raiva nos assombrará para sempre. Por isso, valorize menos as coisas e mais as pessoas. Mantenha em sua mente que fomos chamados para amar a Deus acima de todas as coisas, mas também para amar pessoas como amamos a nós mesmos, e não só podemos como devemos usar coisas e quaisquer recursos que tenhamos para sermos bem-sucedidos nessa nobre missão. A regra, portanto, é: use as coisas, mas ame as pessoas. Esse é um importante tijolo na construção do seu legado.

LIDANDO COM O DINHEIRO

Com o firme propósito de mostrar o quanto as pessoas podem ser pobres, certo dia, um rico pai de família e grande empresário levou seu filho para conhecer um vilarejo. Ele queria convencer o filho da necessidade de valorizar os bens materiais, o status e o prestígio social que possuía, pois o pai entendia ser necessário passar esses valores para seu herdeiro desde cedo.

Eles ficaram um dia e uma noite numa pequena casa de taipa, que pertencia a um morador da fazenda de seu primo. Quando retornavam da viagem, o pai perguntou ao filho:

— E aí, filhão, como foi a viagem para você?

— Muito boa, papai.

— Você viu a diferença entre viver com riqueza e viver na pobreza?

— Sim pai... — Retrucou o filho, pensativamente.

— E o que você aprendeu, com tudo o que viu naquele lugar paupérrimo? — O menino respondeu:

— É pai, eu vi que nós temos só um cachorro em casa, e eles têm quatro. Nós temos uma piscina que alcança o meio do jardim, eles têm um riacho que não tem fim. Nós temos uma varanda coberta e iluminada com lâmpadas fluorescentes e eles têm as estrelas e a lua no céu. Nosso quintal vai até o portão de entrada e eles têm uma floresta inteirinha. Nós temos alguns canários em uma gaiola eles têm todas as aves que a natureza lhes pode oferecer, e elas vivem soltas!

O filho suspirou e continuou:

— E além do mais papai, observei que eles oram antes de qualquer refeição, enquanto nós, em casa, sentamo-nos à mesa falando de negócios, dólar e eventos sociais; daí comemos, empurramos o prato para o lado e pronto! No quarto em que fui dormir com o Tonho passei vergonha, pois não sabia sequer orar, enquanto ele se ajoelhou e agradeceu a Deus por tudo, inclusive pela nossa visita à casa deles. Lá em casa, vamos para o quarto, deitamos, assistimos à televisão e dormimos.

Animado, o filho prossegue:

— Outra coisa, papai, dormi na rede do Tonho, enquanto ele dormiu no chão, pois não havia uma rede para cada um de nós. Na nossa casa colocamos a Maristela, nossa empregada, para dormir naquele quarto onde guardamos entulhos, sem nenhum conforto, apesar de termos camas macias e cheirosas sobrando.

Conforme o garoto falava, seu pai ficava perplexo, sem graça e envergonhado. O filho, em sua sábia ingenuidade e seu brilhante desabafo, levantou-se, abraçou o pai e ainda acrescentou:

— Obrigado papai, por me haver mostrado o quanto nós somos pobres!

Sem dúvida, uma outra perspectiva da relação com o dinheiro, bem diferente do que o mundo nos ensina.

Essa história mostra-nos quanto é importante, além de ser um dever, ensinar nossos filhos a lidarem corretamente com dinheiro, colocando-o não como um deus, ao redor do qual a nossa vida gira, mas como uma ferramenta que pode, sim, ser usada para nos abençoar e abençoar o Reino de Deus.

Não é o que você tem, onde você está ou o que você faz que determina sua felicidade, e sim o que você pensa a respeito de tudo isso!

Felicidade não depende do que você tem, mas da maneira como você olha para tudo o que tem, do valor que dá àquilo que possui.

Se você não quer que seu filho sofra com problemas financeiros quando for adulto, ensine-o agora a lidar com dinheiro. Uma mesada deve ser parte do orçamento e é uma forma eficiente de os filhos começarem a gerenciar o próprio dinheiro. Defina o dia certo do mês, e sempre nesse dia, pague o valor estipulado. Para crianças de até dez anos de idade, é legal dar o valor aumentando ano a ano. Lembre que a mesada é deles, então deixe-os gastá-la da forma como acharem melhor, e vá ministrando a cada uso não consciente, aproveitando para ensinar.

Felicidade não depende do que você tem, mas da maneira como você olha para tudo o que tem, do valor que dá àquilo que possui.

Aqui em casa, usamos como sugestão um uso planejado da mesada, onde eles separam 10% para o dízimo, 50% para investirem no futuro deles — pode ser uma poupança, ações ou mesmo dólar, vai depender do conhecimento que vocês, pais, tenham a respeito de investimentos — e 40% eles podem usar no dia a dia, com coisas que os deixem felizes.

A mesada também dá oportunidade para ensinar a criança a ser mais responsável, pois se ela quebra algo de outra pessoa, por exemplo, com que dinheiro ela pagará? É claro que com o da mesada dela, por ser uma forma de fazê-la entender que as coisas têm valor e que, se não cuidarmos delas, arcaremos com o prejuízo.

Outra oportunidade para promover ensinamento sobre como devem lidar com dinheiro é dando a eles a oportunidade de ganharem seu próprio dinheiro, seja fazendo uma tarefa extra ou vendendo algo pelo que já não se interessam mais. Aproveitar esse tipo de oportunidade despertará neles o sentimento empreendedor, além de poderem ganhar um dinheiro extra.

Em nossa família, sempre estimulamos a prática de leitura, mas em certas fases da infância deles, se, além de ler, eles preparassem um resumo de duas páginas do livro e apresentassem ao pai, teriam um valor em dinheiro por esse resumo. Entendíamos que, com isso, estávamos também estimulando o poder de síntese e crítica sobre a leitura. Entenda, ler sempre foi uma obrigação em nossa casa, não algo que se podia negociar, mas fazer resumo escrito é motivo de bonificação, recebe quem produz.

O texto de Lucas 16:10 declara que quem é confiável com pouco, é confiável com muito. Então, se você for ensinando seu filho, desde pequeno, a lidar com o pouco, mesmo que ele tenha muito, quando crescer, ele terá uma boa noção de como valorizar e cuidar bem do próprio dinheiro.

MÁRCIA

Em nossa igreja existe um trabalho chamado "Cuidando bem do seu dinheiro", no qual os membros aprendem sobre a importância de cuidar adequadamente do dinheiro que é de Deus, mas que Ele graciosamente deixa em nossas mãos para administrarmos. Entregar 10% de nossa renda não significa que temos carta branca para fazer o que quisermos com os 90% que ele nos permite administrar.

Se soubéssemos lidar melhor com o dinheiro, com certeza, teríamos menos problemas de relacionamento e seríamos mais prósperos, podendo ajudar muito mais pessoas. Se seus filhos, logo cedo, começam a entender isso, serão pessoas melhores.

O fundamental é ensinar às crianças, desde cedo, que o dinheiro todo é de Deus, e Ele nos dá a oportunidade de gerenciarmos os 90%, devolvendo 10% para a casa do Senhor, assim, enquanto ainda é pequena, a criança entenderá a importância de dizimar, conforme apontado na Bíblia Sagrada: "Todos os dízimos da terra, seja dos cereais, seja das frutas das árvores, pertencem ao Senhor; são consagrados ao Senhor (Levítico 27:30; NVI) e, ainda: "Ai de vocês, mestres da lei e fariseus, hipócritas! Vocês dão o dízimo da hortelã, do endro e do cominho, mas têm negligenciado os preceitos mais importantes da lei: a justiça, a misericórdia e a fidelidade. Vocês devem praticar estas coisas, sem omitir aquelas" (Mateus 23:23; NVI).

Quando o assunto é dízimo, nos vêm à mente a história de Pedrinho, um garotinho que recebeu duas moedas do seu pai, uma para comprar bombom e outro para doar no culto infantil da igreja. Ao atravessar a rua correndo, ele deixou cair uma das moedas, que rolou até cair no ralo do esgoto. Assim que a moeda sumiu esgoto adentro, ele pensou: "Poxa Deus, que pena, sua moeda se perdeu" e continuou caminhando em direção à banca para comprar seu bombom.

Algumas pessoas podem até achar engraçada a história de Pedrinho, mas se pararmos para refletir mais profundamente, veremos que, muitas vezes, agimos igual ao Pedrinho, e quando "perdemos" nossa moeda, deixamos de entregar o que é nosso compromisso com Deus; e fazendo assim, o que estamos ensinando aos nossos filhos?

A nossa fidelidade a Deus deve inspirar nossos filhos. Ser fiel a Deus com respeito ao dinheiro é uma forma poderosa de construir um legado sólido, pois revela quem, de fato, governa nossa vida, o que é realmente importante para nós, a quem de fato servimos. E somente se o trono do nosso coração estiver ocupado por Deus, e não pelo dinheiro, ou qualquer outra coisa ou pessoa, é que, enquanto construímos nosso legado, permaneceremos firmes, edificando nosso legado em base suficientemente sólida para que ele permaneça íntegro ao longo dos anos e possa abençoar até mil gerações.

LIDANDO COM O SEXO

Sim, sexualidade não é problema, mas o assunto sexualidade não é o tipo de assunto mais comum ou mais fácil de ser abordado com nossos filhos. Entretanto, inevitavelmente chega um momento quando precisaremos falar com eles a respeito de determinados assuntos. Assim, é muito melhor que eles aprendam sobre o assunto conosco, em lugar de obter informações deturpadas na internet ou em conversas vulgares com os amigos que não compartilham dos mesmos princípios que nós.

Içami Tiba escreve que: "Embora aconteça desde o princípio, somente há poucas décadas a sexualidade tem sido realmente desvendada, estudada e divulgada. Antes disso, foi longamente reprimida".[41] Crescemos sem falar sobre o tema, que tem sido considerado um tabu; muitas vezes, sequer conseguimos entender a razão de nunca nos terem ensinado sobre sexo. É necessário lembrar que o conceito que temos de sexo e a forma como nos deparamos com ele, logo no início da nossa vida, pode nortear a forma como lidaremos com ele durante todo o restante da nossa história; daí a relevância de termos uma visão equilibrada e bíblia a respeito do assunto.

O sexo é um presente de Deus. Ele foi criado por Deus para ser desfrutado no ambiente seguro do casamento, de forma santa, pura e prazerosa (Hebreus 13:4; 1Coríntios 7; Eclesiastes 9:9). Deus deixa claro que o sexo antes do casamento é fornicação (1Tessalonicences 4) e também diz que o sexo fora do casamento é pecado e que o adúltero é louco e destrói a si próprio (Provérbios 6:32).

A mesma Bíblia que limita o sexo ao ambiente do casamento também o apresenta como uma ordenança divina dentro desse mesmo ambiente, o que Paulo deixa bastante claro em sua carta escrita à igreja de Corinto (veja 1Coríntios 7:3-5).

Há muito ensinamento deturpado a respeito do sexo por aí, e se inicialmente nós, pais, não entendermos a importância do sexo como plano de Deus, isso fará com que tenhamos dificuldades para orientar nossos filhos em relação à temática da vida sexual.

Por isso, primeiro precisamos conhecer mais sobre o plano de Deus para o sexo, depois entender que não deve haver constrangimento quanto ao assunto e que é muito melhor eles ouvirem dos pais, do que aprenderem na rua.

Ciente dessas duas etapas, crie um ambiente para falar sobre o assunto com seus filhos, sem peso, sem formalidades e sem reclamar. Prepare o momento de forma que eles entendam que é uma conversa normal, até porque deve ser normal mesmo. Para não focar em seus filhos, use terceiros como exemplo. Pode ser a cena de um filme, algo que aconteceu numa série, para que ele não ache que você o está "marcando" ou reclamando, e sim usando uma ilustração para ensinar algo que vai ser importante na vida dele.

Você não precisa conversar sobre todos os assuntos de uma só vez, e, durante a conversa, atente para abordar os assuntos tendo em mente o que a idade do seu filho permite que ele entenda. Se você não se sente confortável em falar desse assunto, procure ajuda de psicólogos, pediatras, livros e até sites, que possam trazer conhecimento e clareza que o ajudem a vencer essa barreira.

Quando decidir falar, é importante que você se lembre de usar terminologia certa, nomeando corretamente cada órgão ou tópico relacionado à sexualidade, mesmo que, fora de casa, seus filhos ouçam os colegas usando termos chulos e até palavrões para referir-se a esses órgãos e tópicos. Em alguns casos, dependendo da idade de seus filhos, é válido consultar um dicionário, junto com a criança, buscando os termos e seus respectivos significados.

A conversa sobre sexo e sexualidade precisa acontecer dentro de casa. Todavia, deve ocorrer de uma forma leve, simples e apropriada. Pais não podem prescindir de tratar desses e outros assuntos com seus filhos, sob pena de comprometerem o legado que estão construindo, ou mesmo destruí-lo.

Quando seu filho vier com uma frase nova, ou expressão relacionada ao tema do sexo, sempre pergunte: "Onde você ouviu isso?" e "Você sabe o que isso significa?". Preocupe-se com a fonte das informações que seus filhos têm e por quem eles estão sendo influenciados, pois deter esse conhecimento ajudará você e seu cônjuge a orientá-los melhor, avaliar a qualidade das influências que seus filhos estão recebendo, e até a evitar que essas influências cheguem até eles, caso conclua que são prejudiciais por ensinar coisas erradas ou que, apesar de corretas, ainda não é a hora deles aprenderem.

Deixe a via de diálogo aberta. Deixe claro para seus filhos que eles podem procurá-lo e a seu cônjuge sempre que tiverem uma dúvida, pois você estará disposto e disponível para esclarecê-la e ajudá-los. Manter esse canal aberto para conversa desde a infância dos nossos filhos pode ser o diferencial para uma adolescência mais tranquila, especialmente nesta área que impacta nossos filhos de forma integral, inclusive em questões relacionadas aos hormônios e à aparência física.

Saiba que sua atitude e o relacionamento que tem com seus filhos são fatores muito mais importantes do que o conhecimento técnico que você detém sobre sexo e vida sexual e que pretende compartilhar com eles. O mais valioso é que eles confiem em você e que haja um ambiente seguro para tratar sobre o tema, e não você ficar apenas acumulando conhecimento para lhes transmitir. É aquela máxima: "Quando vamos conversar com nossos filhos, especialmente sobre uma temática mais delicada, o 'como' é mais importante que o 'o que'".

Outra coisa importante ao conversar a respeito de qualquer assunto com os filhos é: sempre diga a verdade. Claro que não precisa dizer mais do que o seu filho precisa saber, ou do que ele perguntou. Então, se ele faz a você a clássica pergunta "Como nascem as crianças? ou "Para que serve o pênis?", você não precisa entrar em detalhes sobre a necessidade de a mulher ter orgasmo. Contudo, nunca perca a oportunidade de ensinar que o sexo é um plano de Deus desde o nascimento da humanidade, e que para que ele seja pleno, Deus tem de se fazer presente. Lembre-os sempre de que o corpo deles é templo do Espírito Santo e que devemos respeitar isso (1Coríntios 6:19).

É importante deixarmos claro para os nossos filhos os riscos de comportamentos sexuais fora do que Deus estabeleceu. Fale sobre pedofilia, explique para eles que existem adultos que parecem amigos, mas que querem abusar das crianças, que elas devem ter bastante cuidado, especialmente quando estiverem fora de casa, em locais públicos e na ausência dos pais. É sábio que você foque bastante nesse tópico, pois isso ajudará a blindar seus filhos e, consequentemente, sua família contra esses perigos e armadilhas que cercam a todos nós (1Pedro 5:8).

Quando você abre, dentro de sua casa, caminho para o diálogo a respeito de qualquer tema, evita que a criança caia em armadilhas. E é exatamente as armadilhas e os perigos que rondam a nossa família que trataremos no próximo capítulo. Conhecer os riscos a que nossa família está exposta e aprender sobre eles é imprescindível para blindarmos o nosso bem mais precioso, os nossos filhos, e assim criá-los para Deus, para fazerem a diferença neste mundo e abençoarem as próximas gerações. Portanto, corra para o próximo capítulo. Ele abençoará muito sua vida!

Compromisso de mudança

Perguntamos agora: como foi para você mergulhar ainda mais na temática da educação de filhos? Qual a área em que você tem mais dificuldade para lidar? Que compromisso você assume depois dessa etapa de leitura?

EXEMPLO: Eu me comprometo a prestar mais atenção às perguntas que meus filhos fazem e procurar respondê-las melhor.

1. Eu me comprometo a _____
   _____

2. Eu me comprometo a _____
   _____

EDUCAÇÃO DEMAIS NÃO DÓI 165

3. Eu me comprometo a _____
_____.

4. Eu me comprometo a _____
_____.

5. Eu me comprometo a _____
_____.

 Dica de filme

MÃOS TALENTOSAS

O filme mostra a diferença que uma mãe focada pode fazer na vida dos filhos. Diz muito sobre nossas responsabilidades como pais e sobre o quanto elas podem interferir no futuro dos nossos filhos. Baseado em uma história real, o filme retrata a vida de um menino que se considerava "burro" porque tirava notas baixas na escola e todos zombavam dele. Esse menino poderia ter sido um fracassado na vida se não fosse a figura fundamental de sua mãe, que, mesmo sem saber ler, era firme com ele a respeito de fazer as lições e a dedicar-se aos estudos; ela tirou dele o que ele tinha de melhor. Ele vence na vida e se torna um dos maiores e melhores cirurgiões do mundo!

Campo minado

Quando algum de vocês construir uma casa nova, faça um parapeito em torno do terraço, para que não traga sobre a sua casa a culpa pelo derramamento de sangue inocente, caso alguém caia do terraço.

Deuteronômio 22:8

Quando as raízes são profundas não há razão para temer o vento.

Provérbio chinês

Sempre ficamos muito impressionados com a atualidade da Bíblia, o quanto ela se comunica conosco nos dias de hoje de uma forma tão real e propositiva. Na Bíblia, podemos buscar tudo de que precisamos para nos guiar na construção de um legado para a próxima geração.

O texto de Deuteronômio 22:8 não é um dos mais conhecidos da Bíblia, porém, principalmente nos dias atuais, é um dos mais necessários. Nessa passagem, a Palavra de Deus faz um alerta para um perigo existente, chamando a atenção para a necessidade de o dono da casa se resguardar, proteger-se e proporcionar a segurança necessária para o seu lar.

Naquele tempo, o parapeito em torno do terraço, mencionado no versículo, fornecia a proteção necessária para que a família pudesse realizar suas atividades comuns com segurança. Normalmente, esses terraços ficavam em cima do telhado e era onde a família se reunia para todo tipo de atividade de lazer e comunhão. Ter uma proteção era fundamental para que ninguém se machucasse ou morresse em consequência de uma possível queda.

É claro que ninguém desejaria testemunhar um filho caindo de uma laje. Sem dúvida, isso marcaria para a sempre a vida dos pais e de toda a família. O parapeito representa uma proteção para não perder os filhos e evitar que eles se machucassem. Por isso, o Senhor dá esse alerta aos pais quanto ao cuidado que devem ter.

Se olharmos para a realidade atual, veremos quantos perigos rondam a vida da nossa família e o quanto precisamos colocar um "parapeito" em todos os lados, para protegermos os nossos filhos.

Isso é tão importante que escrevemos um livro com o título *Quando a família corre perigo*,[42] para alertar os pais, no sentido de blindar suas famílias contra as armadilhas silenciosas que querem destruir o nosso maior patrimônio.

E não adianta você usar aquela DE e dizer "Ah! é muita coisa, não tenho como".

Evitar 100% dos perigos do mundo é impossível, e nenhum de nós pode afirmar que conseguirá esse feito, mas conhecê-los e tentar minimizar seu impacto é uma prerrogativa de todos os pais que almejam criar bem os filhos e deixar um legado para as próximas gerações. Tristemente, o que mais vemos são pais chorando porque a tragédia bateu à sua porta. Eles dizem que dariam tudo para poder voltar atrás e fazer o que deveriam ter feito para evitar o pior que lhes abateu. E por que não se preveniram antes?

Existe um adágio popular comum nos dias de hoje que se encaixa muito bem como complemento de Deuteronômio 22:8. Ele diz: "Você não pode reclamar da bagunça que o vento provocou em sua sala se você deixou a janela aberta".

Faz sentido?

> *Você não pode reclamar da bagunça que o vento provocou em sua sala se você deixou a janela aberta.*

Um legado que abençoa até mil gerações só é construído por pais responsáveis e tementes a Jesus. Homens e mulheres que não fogem da responsabilidade que o Senhor lhes deu e se mantêm em constante oração e vigilância, fazendo o que têm de ser feito, sob orientação da Palavra de Deus.

#PraPensar

- Quais são as janelas que ainda estão abertas em sua casa? Quais brechas você acha que ainda existem e podem ser porta para a entrada dos perigos tumultuadores deste mundo em seu lar?
- Quais são os parapeitos que você pode colocar em seu lar para proteger os seus filhos?

QUANDO A GUERRA COMEÇA

Vamos esclarecer algo: *a vida em família é muito mais um campo de guerra do que um parque de diversões*. Há uma orquestração do mal contra todas as famílias. A família é o campo de batalha mais duro que iremos enfrentar, é onde o inimigo mais nos atacará. Por isso, *não brinque de ser crente, porque o Diabo não brinca de ser Diabo, e ele quer destruir a sua família*.

Muitas famílias estão sendo destruídas hoje, porque abriram uma brecha enorme dentro de suas próprias casas. Pessoas que frequentam a igreja, declaram-se crentes em Jesus, mas que vêm sofrendo os perigos do mundo dentro do seu lar. É importante que possamos observar o quanto estamos preparados para enfrentar essa guerra. Será que você está?

#PraPensar

1. Quanto tempo você dedica a ensinar a Palavra de Deus a seus filhos e a influenciá-los direta e intencionalmente?

    ☐ 1 hora/dia
    ☐ 1 hora/semana
    ☐ 1 hora/mês
    ☐ Não faço isso, pois sou muito ocupado, e ele já frequenta a escola bíblica
    ☐ Não acredito que seja importante

2. Agora, vamos pensar em outras influências na vida do seu filho:

    Tempo de influência da TV ou da internet:

    ☐ 1 hora/dia
    ☐ 1 hora/semana
    ☐ 1 hora/mês
    ☐ Não tenho nem ideia
    ☐ Não acredito que seja importante

3. Os amigos de seus filhos têm quanto tempo de influência na vida deles?

    ☐ 1 hora/dia
    ☐ 1 hora/semana
    ☐ 1 hora/mês
    ☐ Não tenho nem ideia
    ☐ Não acredito que seja importante

4. Quanto tempo você investe em conversa com seus filhos?

☐ 1 hora/dia
☐ 1 hora/semana
☐ 1 hora/mês
☐ Não tenho tido tempo de parar para conversar com eles
☐ Não acredito que seja importante

Ao escrever sobre o diálogo entre pais e filhos, o escritor Kevin Leman afirma que:

> Pais reclamam frequentemente de não conseguirem convencer seus filhos a contar o que acontece na escola ou conversar de verdade sobre quaisquer coisas. Talvez um grande motivo para isso seja que, quando pequenos, eles são ignorados com tanta frequência, que acabam decidindo que papai e mamãe não estão interessados.[43]

Com isso, os filhos crescem sem uma referência de diálogo aberto e conversa sincera, e lá na frente colhemos os problemas disso.

A sociedade é fruto da influência que ela recebe. Seus filhos também. Quando os pais fogem de ter esse tempo com os filhos na infância, na adolescência, os filhos terão dificuldades em criar conexões.

Se por um lado vivemos a época mais conectada da história da humanidade — e há, sim, uma disseminação de conteúdo e informações como nunca antes —, por outro, a influência é cada vez menor da escola e cada vez maior do que vem das redes sociais.

Novos influenciadores nascem todos os dias, sem nenhum tipo de compromisso com questões éticas ou princípios bíblicos, e muitas vezes passam muito mais tempo com nossos filhos do que nós.

Por uma cultura de redes sociais, sem filtro, sem referência e a um clique do seu filho, eles podem aprender por uma tela de celular coisas completamente diferentes do que você ensina em casa.

Talvez, na sua época de infância, fosse fácil para sua mãe saber o que você assistia na TV. Eram apenas três ou quatro canais, e em determinado horário a programação era restrita. Mas, hoje, como acompanhar tudo a que seu filho tem acesso na tela de smartphone, notebook ou tablet? O que será que ele está assistindo?

Você seria capaz de anotar em seu bloquinho quais foram os três últimos vídeos a que seu filho(a) assistiu no celular, no tablet, no notebook ou na TV? Quem influencia nossos filhos nesse "maravilhoso" mundo novo? Para onde os estão levando nessa guerra?

Admitir que o momento da história em que estamos vivendo é um ambiente de guerra, preparar-se para ela e estar sempre alerta é fundamental para que não soframos baixas. O inimigo é intencional, ele tem um plano para nos destruir (1Pedro 5:8), e precisamos avaliar se nós também temos sido intencionais na defesa de nossa família, em meio a essa batalha.

#PraPensar

- O que você considera que precisa mudar em seu estilo de vida para que possa dedicar mais tempo a seus filhos e protegê-los mais?
- O que você precisa abandonar para dedicar um tempo a mais de ensino, companheirismo e participação na vida dos seus filhos?
- De uma forma prática quais as primeiras três coisas que você precisa fazer ainda essa semana, para ter um tempo saudável e de qualidade com seus filhos?
- Quer assumir o compromisso de forma efetiva? Que tal você assinar?

Seu nome:

Assinatura:

(eu me comprometo).

O RISCO DOS "ISMOS"

Um dos grandes perigos a que nossos filhos estão expostos no dia a dia tem a ver com a inversão de valores, uma das coisas com maior potencial de os afastar de Deus e dos princípios bíblicos. Tem a ver com enganos sutis que, se não percebermos, os desviam do Caminho. Comportamentos que, às vezes, nem notamos, mas que podem estar formando um caráter que lá na frente se revelará e irá prejudicá-los.

Entender essas coisas, aparentemente sutis, mas ao mesmo tempo traiçoeiras e que estão nos levando para mais longe dos propósitos de Deus, é fundamental para blindarmos nossa família e construirmos o legado que queremos para as próximas gerações.

As pessoas se envolvem em um conceito de pós-modernidade, e por conta de situações impostas pela sociedade vivem relações frágeis, com efemeridade e busca constante pelo hedonismo, tão comum nas mídias de hoje.

Sim, chegamos ao nosso primeiro "ismo" e por mais que, às vezes, você não o enxergue como perigo, os "ismos", mesmo que aos poucos, vão nos afastando do conceito correto de família.

A Bíblia afirma que:

> Saiba disto: nos últimos dias sobrevirão tempos terríveis. Os homens serão egoístas, avarentos, presunçosos, arrogantes, blasfemos, desobedientes aos pais, ingratos, ímpios, sem amor pela família, irreconciliáveis, caluniadores, sem domínio próprio,

cruéis, inimigos do bem, traidores, precipitados, soberbos, mais amantes dos prazeres do que amigos de Deus, tendo aparência de piedade, mas negando o seu poder. Afaste-se também destes (2Timóteo 3:1,5).

Vivemos em uma sociedade pós-moderna, e nela os filmes de maior sucesso são de heróis vampiros; o livro mais vendido, voltado para o público jovem, é o que traz as aventuras de um bruxo (a obra já vendeu mais de 400 milhões de exemplares,[44] e existe até um parque com essa temática, destinado especialmente a crianças e jovens[45]).

A violência cresce assustadoramente, e o que antes era inimaginável hoje nem surpreende ou assusta mais, mesmo quando visto na televisão ou nas matérias de jornal. Banalizaram completamente os valores, inclusive o da vida; hoje, uma pessoa mata a outra por causa de um celular ou relógio; a impunidade corre às soltas.

Há um empenho hercúleo para se normalizar o que não é normal e nem pode ser considerado dessa forma. Começam a considerar normais práticas ou modo de viver adotados por um ou outro grupo na sociedade; entretanto, algo não deve ser considerado normal só porque alguém o trata como tal.

Vivemos a era da desconstrução, e há muito mais em jogo e que precisa ser considerado. Além do mais, nem tudo que se convenciona é benéfico para a sociedade como um todo e no longo prazo.

DARRELL

Minha mãe costuma dizer que "O certo vai ser certo, mesmo que ninguém esteja fazendo, e o errado vai ser errado, mesmo que todo mundo esteja fazendo". Com base nisso, precisamos estar atentos para não "normalizarmos" o que não é normal. Valores são inegociáveis, mas nos dias de hoje eles estão completamente invertidos, e muito disso ocorre por conta dos muitos "ismos" que nos rodeiam.

Atente para alguns "ismos" mais atuais e em alta atualmente, e analise se seus filhos estão caminhando para algumas dessas linhas:

"ISMO"	O QUE É	A IDEIA COM A QUAL DEVO TER CUIDADO
Humanismo	O foco está centrado no homem. É a sabedoria humana que define a vida.	Cuidado para que a influência que chega até seus filhos não os leve a achar que eles não precisam de Deus, que podem fazer tudo sozinhos. Se nossos filhos não entenderem que dependem totalmente de Deus, nunca viverão verdadeiramente conforme a vontade dele e para cumprir seus propósitos.
Hedonismo	A busca constante pelo prazer faz que venhamos a substituir o que é eterno por algo momentâneo.	A mídia sempre venderá um conceito de busca por prazer e realização nas coisas imediatas, incentivando a trocar algo melhor no futuro pelo que se pode usufruir agora, e faz isso de forma irresponsável e enganadora, sem mostrar os riscos dessa prática para a vida de uma pessoa.
Relativismo	Onde nada é totalmente certo, e tudo pode ser aceitável, levando as pessoas à permissividade.	Hoje em dia, ainda, cada vez mais, as pessoas querem experimentar de tudo e viver numa sociedade que não tem certo nem errado. Muitos vivem dessa forma e, claro, passam para seus filhos a ideia de que não existe verdade absoluta e, por isso, cada um pode fazer o que bem entender.

Materialismo	Eu tenho que ter mais para poder ser uma pessoa melhor.	Para ser feliz eu preciso ter algo, conquistar bens materiais, pois é isso que traz a felicidade. Eu e você sabemos que a felicidade vai muito além disso, se não fosse assim, não teríamos pessoas ricas que, ainda assim, são infelizes.
Individua-lismo	Se posso fazer sozinho, para que eu preciso de mais alguém?	É cada um por si. Se necessário, passe por cima de quem estiver no caminho. É assim que o mundo vai ensinar o seu filho, afirmando que ele não precisa de ninguém para alcançar o sucesso e que sozinho ele pode conseguir tudo o que desejar.

Se você começar a investir na prática de ensinar os valores de Deus em sua casa, no dia a dia, seus filhos ficarão mais fortes e será mais difícil eles caírem na tentação de seguir os modismos deste mundo e valorizar comportamentos próprios e propostos por esses "ismos" todos.

O relativismo coloca nossos filhos sob risco de cair em armadilhas perigosas, que podem destruir nosso legado e afastar a bênção de Deus da nossa casa. No próximo capítulo, buscaremos entender mais profundamente onde mora esse perigo e como podemos blindar nossa família e seguirmos firmes no propósito de abençoar nossa descendência até mil gerações. Vamos lá!

EXEMPLO: Eu me comprometo a vigiar o meu lar para o proteger dos perigos externos, segundo minha fé.

1. Eu me comprometo a _____
_____

2. Eu me comprometo a _____
_____

3. Eu me comprometo a _____
_____

4. Eu me comprometo a _____
_____

5. Eu me comprometo a _____
_____

Dica de filme

EXTRAORDINÁRIO

O garotinho Auggie Pullman nasceu com uma séria síndrome genética que o deixou com deformidades faciais, fazendo com que tivesse de passar por diversas cirurgias e complicações médicas ao longo dos seus poucos anos de vida. Com a ajuda de seus pais, o menino procura se adequar a uma nova rotina quando ingressa pela primeira vez numa escola convencional. Ali, começa uma aula de aceitação do próximo, amor e superação. Inspiração para nossas famílias.

Construindo um legado em meio às armadilhas

Todas as coisas me são lícitas, mas nem todas as coisas convêm. Todas as coisas me são lícitas, mas eu não me deixarei dominar por nenhuma.

1CORÍNTIOS 6:12

Educar é semear com sabedoria e colher com paciência.

AUGUSTO CURY

Em 1Coríntios 6:12, a Bíblia declara que todas as coisas nos são lícitas, mas nem todas nos convêm, e isso acende um alerta para o fato de que não podemos aceitar tudo o que vem para nós. No mundo em que vivemos, cada vez mais andamos como se estivéssemos em um campo minado pronto para explodir, causando-nos danos e destruindo nossa família.

Os meios são os mais diversos. O inimigo de nossa vida busca enfeitar essas armadilhas, criando chamadas atrativas para prender e tragar nossos filhos e destruir o principal plano de Deus que é a família. Por isso, para ajudar você a proteger seus filhos e impedir que o plano de bênçãos geracionais que Deus tem reservado para sua família seja interrompido, traremos neste capítul algumas das "minas" que mais têm atacado nossos filhos atualmente, para que, sabendo onde elas estão escondidas, você possa proteger a si e a cada membro de sua família, especialmente seus filhos, de serem impedidos de seguir o propósito que Deus tinha em mente ao criá-los e que deseja cumprir na vida deles e na nossa.

Como o mundo é muito dinâmico, não temos a pretensão de esgotar todas as "minas" que existem. Sabemos que, talvez, algumas das minas que apresentaremos não façam parte da sua realidade no momento; entretanto, apesar disso, vale muito a pena fazer a leitura com atenção, a fim de entender como o inimigo tem efetuado seus ataques e, ciente disso, você possa não só se proteger, mas também ajudar outras famílias.

O autor da obra *Arte da guerra*, um dos maiores clássicos da literatura, Sun Tzu, disse:

> Se você conhece o inimigo e conhece a si mesmo, não precisa temer o resultado de cem batalhas. Se você se conhece, mas não conhece o inimigo, para cada vitória ganha sofrerá também uma derrota. Se você não conhece nem o inimigo nem a si mesmo, perderá todas as batalhas.[46]

Prepare-se para conhecer agora as minas que o inimigo tem enterrado nas famílias.

DROGAS: UMA AMEAÇA QUE ESTÁ MAIS PERTO DO QUE VOCÊ IMAGINA

DARRELL

Certa vez, li a seguinte frase na internet: "Ame seu filho hoje, antes que um traficante o adote amanhã".

Deparar-me com essa declaração foi como receber um soco no estômago. Ela foi muito impactante para mim e deveria ser para você também. Uma leitura superficial pode nos levar a considerá-la um exagero, e é possível também que haja pessoas que não consigam perceber quão carregada de verdade essa frase é. Entretanto, basta olharmos só um pouco mais atentamente ao nosso redor para constatar que é exatamente isso que acontece em grande parte dos casos.

Acredito muito que um filho adolescente desconectado dos pais hoje pode ser fruto de um pai ausente e uma mãe agressiva durante a infância, da falta de diálogo, de desconhecimento de Deus e do propósito divino para si, da falha dos pais em ter Deus como elo da família.

Durante muito tempo trabalhei como vendedor e sei bem como se dão as relações cliente X vendedor. Podemos voltar a usar essa metáfora da relação pais e filhos, comparando-a com essa analogia de compra e venda.

Já que, a todo momento, estamos vendendo ideias e conceitos para nossos filhos, por mais que não queiramos admitir, eles precisarão "comprar" essas ideias, porque chega uma idade em que eles não farão mais o que a gente quer, e sim a "ideia que compraram de outras pessoas", principalmente dos amigos.

Seguindo com a metáfora em que nossos filhos assumem o papel de nossos clientes: se os atendermos bem, dermos atenção a eles, e os deixamos satisfeitos e felizes, será normal que eles sempre queiram estar perto de nós. Contudo, se não formos "bons vendedores", se não os atendermos bem, se os ofendermos, xingarmos ou descuidarmos deles, obviamente será natural que eles busquem em algo ou alguém o que faltou em nós.

Eles procurarão a concorrência em busca de obterem com ela o que não receberam de nós. E o triste nessa situação é que a concorrência pode ser drogas, álcool, cigarro, vida sexual precoce e desregrada, ou péssimas amizades.

Claro que a falha dos pais não justifica os erros dos filhos, mas não se pode negar que eles exercem impacto na vida deles. Isso é inegável. O exemplo do cliente X vendedor é apenas uma ilustração muito fácil para você perceber que aí fora existem ofertas sendo oferecidas aos nossos filhos o tempo todo, buscando levá-los para um caminho que nós não queremos que eles sigam, e a concorrência é feroz. O mundo vai oferecer os piores enganos nas melhores embalagens, buscando corromper nossos filhos e tentando destruir o futuro profético deles.

Em média, 97% dos jovens que se drogam são provenientes de um lar desestruturado. E aí, voltamos a Gálatas 6:7, que nos lembra de que tudo que o homem plantar ele colherá. Assim, colhemos o abraço e o afastamento também. Não podemos culpar os outros por nossa omissão ou ação errada que fizemos e que afastou nossos filhos de nós. O que precisamos aprender é como mudar a rota, como fazer diferente a partir de agora.

Quem usa drogas está insatisfeito com alguma coisa. A droga é uma fuga, um recurso procurado por alguém quando está tentando fugir de um sofrimento novo, de uma infelicidade no lar ou mesmo para se mostrar independente e confirmar uma identidade que a pessoa sequer sabe qual é; e o uso pode ser despertado por curiosidade ou até por pressão do grupo. A Bíblia afirma que "um abismo chama outro abismo" (Salmos 42:7). No início, é como uma busca pela liberdade; depois, se tornará uma prisão sem grades da qual é muito de sair.

Se nós, como pais, deixarmos uma brecha aberta, as drogas entrarão, pois são o caminho preferido do inimigo para destruir nossa família. Em João 10:10, lemos o seguinte alerta: "[...] o inimigo veio para roubar, matar e destruir".

Kevin Leman,[47] um dos maiores especialistas do mundo em criação de filhos, afirma o seguinte sobre o aumento no número de filhos envolvidos com drogas: "Um dos principais motivos para tantas crianças serem envolvidas [com drogas] é não se sentirem aceitas, não terem sentimento de pertencimento, não se sentirem capazes de fazer muita coisa".

É importante entender que a falta de cuidado, atenção, valorização por parte dos pais ainda em casa repercute na forma como seu filho responderá a propostas e oportunidades que aparecerão para ele fora de casa. Ainda que já tenha ensinado aos filhos o que é certo e o que é errado, que é a técnica mais utilizada pelos pais, a queda de um filho nas drogas vai muito além de ele saber que usar drogas é errado.

Leman continua dizendo que as drogas "[...] são oferecidas por pessoas que prometem a elas bons momentos, amigos e muita excitação. Não é de estranhar que os jovens experimentem drogas. Por que não? Ali está o passaporte para ser aceito, para se sentir parte de um grupo social qualquer".

Usar drogas faz com que os adolescentes se sintam "descolados", se não as consumirem, serão considerados "caretas". É aquela velha história do "todo mundo faz", "todo mundo bebe", "ajuda a relaxar", "eu não sou viciado" , "posso parar quando eu quiser".

Usar drogas é um pecado contra o corpo (1Coríntios 6:18-20); elas causam sofrimento não apenas para o usuário, mas também para a família deles, e ainda escraviza quem as utiliza, deixando-o dominado pelo vício, de uma forma muito distante daquilo que Deus planejou para nós, seus filhos (1Coríntios 6:12).

Precisamos lembrar que a droga dará prazer, sim; do contrário, o número de pessoas vivendo essa experiência não aumentaria tanto a cada dia. O prazer faz que você queria repetir a experiência, e, com isso, você começa o ciclo vicioso, que o tornará dependente.

A Bíblia tem muitos textos falando a respeito de como as pessoas com as quais nos relacionamos podem nos influenciar (Veja, por exemplo: Provérbios 22:24; 24:1; 13:20). A influência de amigos é fator decisivo para levar os jovens a se envolver com as drogas; portanto, como pais, precisamos conhecer e entender os ciclos de amizade nos quais nossos filhos estão envolvidos. Por isso, levá-los desde pequenos para a igreja, para a convivência de um grupo saudável, é fundamental para que, quando adolescentes, eles já tenham nesse grupo sua confiança, e não queiram buscá-la fora.

O que vemos é que há um triângulo para o início do vício, um ciclo que começa pela curiosidade do jovem, passa pela pressão dos amigos e alia-se à desinformação.

Se desejamos blindar nossos filhos, nossa atuação como pais precisa concentrar-se nesses três pilares. É imprescindível conversarmos de forma clara a respeito dos riscos que as drogas oferecem, apresentando histórias de pessoas que cederam à proposta de "apenas experimentar" e acabaram viciadas e sofrendo danos muitas vezes irreversíveis.

Não podemos esquecer de que a temática das drogas está intimamente ligada a outra que também tem papel relevante quanto aos fatores que levam uma pessoa a práticas prejudiciais: as amizades.

O alerta bíblico é no sentido de que as más amizades corrompem os bons costumes (1Coríntios 15:33), mas quem anda com sábios continuará sábio (Provérbios 13:20). Os princípios bíblicos a respeito do poder de influência que as amizades exercem sobre uma pessoa é corroborado por profissionais da saúde de diversas frentes e por mentores de várias áreas, os quais advogam que, em geral, somos, como já dissemos, a soma das pessoas com as quais mais convivemos. Daí a importância de construir e manter relacionamentos com pessoas agregadoras. Ser intencional ao fazer amizades é um dos passos fundamentais para essa blindagem, e precisamos instruir nossos filhos a esse respeito.

A dependência química é considerada questão de saúde pública e é muito mais grave do que imaginamos. Só quem já viveu na própria pele uma experiência pessoal com as drogas ou acompanhou o sofrimento de alguém próximo que acabou viciado entende a seriedade do assunto, o desgaste que isso traz à família e a codependência que se instala em cada integrante do núcleo familiar porque um de seus membros foi enredado nessa armadilha.

Segundo a Organização Mundial da Saúde (OMS), a dependência química é hoje a oitava causa de solicitação de internação hospitalar. E, mesmo com todos os esforços, não existe uma fórmula mágica para se tratar e livrar-se da dependência das drogas, uma vez que o dependente químico, como o próprio termo leva a entender, torna-se escravo da droga.

Um dos principais passos para solucionar o problema é o dependente estar disposto ao tratamento. Como um dos primeiros sintomas é a negação, os pais precisam quebrar os mecanismos de defesa para poder ajudar o filho a assumir que tem um problema e que necessita de ajuda.

Ecstasy, LSD, heroína, cocaína, maconha e o famoso e terrível crack, entre outros, são drogas de fácil acesso, vendidas em festas e nos portões dos colégios das nossas cidades. Não se deixe enganar, pensando que só é possível adquirir drogas nas comunidades e nas chamadas bocas de fumo.

O tratamento de um dependente químico envolve e deve contemplar cuidados médicos e espirituais. Em muitos casos a internação acompanhada por um profissional é a melhor alternativa.

Quem está em tratamento precisa de cuidados constantemente, a fim de não ter recaídas, o que ocorre com frequência. Por isso, é muito importante redobrar cuidado, atenção e apoio ao filho que está saindo dessa fase do tratamento.

Uma boa iniciativa é evitar os lugares e as pessoas com os quais seu filho tinha o hábito de conviver e com os quais compartilhava o uso das substâncias, minimizando as chances de recaída. Lembre-se de que Satanás não desistirá e empregará esforços para destruir seu filho, usando geralmente as mesmas pessoas que trilhavam com ele o caminho da destruição e da morte. Tente expô-lo a novos ambientes onde possa conhecer pessoas que tenham um relacionamento profundo com Jesus e fazer amizade com elas.

A entrega para Deus, em uma situação dessa, precisa ser plena. Não pode ser algo superficial, pela metade, descompromissado. Precisamos entender que Deus tem poder de mudar tudo, e estar perto dele é fundamental, pois somente Ele poderá nos guardar de tropeçar e cair (Veja Judas 1:24). Temos de entender que dependemos totalmente dele e por isso lhe devemos toda a glória, a honra e o louvor.

E O ÁLCOOL?

A Bíblia alerta-nos a que não devemos nos embriagar com vinhos, pois isso nos levará ao descontrole. Ao contrário disso, a ordem bíblica é para que sejamos cheios do Espírito. Apesar de todos saber disso, temos visto filhos de muitos cristãos caindo nesse vício.

Em Provérbios 20:1, Salomão adverte para o fato de que "O vinho produz zombadores; o álcool leva a brigas; quem é dominado pela bebida não é sábio". E, como é importante colocar na mente e no coração de nossos filhos o desejo por adquirir sabedoria. Se o que eles mais desejassem, assim como Salomão, fosse a sabedoria, teríamos muito menos desafios para desempenhar nosso papel como pais.

A realidade, porém, é que nem sempre conseguimos esse feito, e, em muitos casos, nossos filhos constroem e mantêm amizade com zombadores, ficando expostos à possibilidade, aparentemente inofensiva, de tomarem o primeiro copo.

É provado que o álcool, geralmente, é uma das primeiras portas de entrada de uma pessoa ao mundo das drogas. Começa como algo que pode dar prazer, que pode deixar o jovem mais solto, desinibido para a convivência em seu grupo social, e com a capacidade de fazer coisas que ele não faria se não estivesse sob efeito da bebida.

É recorrente que os jovens iniciem tomando um gole de cerveja e vá progredindo, tanto em quantidade quanto em tipos de bebida e, quando menos se espera, um copo de bebida já não faz mais efeito, e o jovem começa a aumentar a dosagem e migrar para algo mais forte. Diante de uma garrafa cheia de bebida alcoólica, o viciado perde o controle de si e de suas ações. Por mais que não admita, ele não é capaz de evitar o primeiro gole, normalmente não para no segundo e nunca se lembra do último, porque àquela altura já estava embriagado.

É comum ouvirmos a velha frase "Um copo só não faz mal". Contudo, é aí que abrimos caminho para algo que tem destruído vidas, levado discórdia para dentro das casas, promovido brigas na rua, acidentes de carro, crimes, entre outros problemas.

Segundo estudo do Centro Brasileiro de Informações sobre Drogas Psicotrópicas (Cebrid), cerca de 50% dos jovens entre 10 a 12 anos já consumiram bebida alcoólica; 30% deles beberam até embriagar-se.[48]

A ingestão de bebida alcoólica na adolescência pode prejudicar o desenvolvimento cerebral. De acordo com um estudo recém-publicado no periódico científico *Addiction*, adolescentes que bebem em excesso tendem a ter menos massa cinzenta no cérebro, que é a estrutura responsável por funções como memória, tomada de decisões e autocontrole.[49] Apesar disso, vemos pais que, na ilusão do "apenas um copo", deixam seus filhos, ainda adolescentes, se arriscarem nessa jornada, que pode levar à morte.

Ouvimos de uma adolescente que, no aniversário de 13 anos ganhou uma garrafa de uísque de presente do próprio pai. Há pais que molham a chupeta de seus bebês em seu copo de bebida. O que será desses filhos, com pais irresponsáveis a esse ponto? Esses adultos certamente sabem que nenhum viciado de hoje começou tomando litros de bebida alcóolica; todos começaram com um gole, depois vieram os copos, até que se tornaram os viciados de hoje que prejudicam a si próprios, à família e à sociedade, demandando altos investimentos de recursos familiares e do Estado na tentativa de os recuperar. E tudo começou, muitas vezes, por brincadeira; e não é incomum que tenha ocorrido em reuniões ou festas dentro de casa.

DICAS PRÁTICAS PARA OS PAIS:

- Sempre informe seus filhos sobre os riscos referentes ao alcoolismo.
- Não seja o chato, apenas diga "não", buscando entender os desejos que levam seus filhos a querer beber.
- Verifique as amizades de seus filhos, saiba com quem ele anda. Se ele está no meio de amigos que bebem, naturalmente oferecerão bebida alcóolica para ele.
- Nada se compara com o exemplo. Então, se você não quer que seus filhos se tornem alcoólatras, não estimule a ingestão de bebida em sua casa.
- Estimule seus filhos a adquirirem hábitos saudáveis, como a prática de esportes e exercícios físicos, pois eles não combinam com uma vida de bebedeira. Se seu filho seguir por esse caminho saudável, já é um passo importante para evitar o vício.

OUTROS VÍCIOS

Na sociedade em que vivemos, repleta de estímulos, com exposição do lado bom da vida e ostentação de bens nas redes sociais, mergulhada no excesso de informações que vêm uma após outra sem que nosso cérebro tenha tempo para processá-las e assimilá-las, é comum as pessoas se sentirem vazias, sem senso de utilidade, e consequentemente buscarem algo que as possa satisfazer e preencher-lhes o vazio.

Sendo pais cristãos, sabemos pela Bíblia que a maior falta que alguém pode sentir é a falta de Deus. Esse é o maior vazio que podemos ter em nossa vida. Há quem tenha excelentes condições financeiras, faça viagens incríveis, coma nos restaurantes mais requintados dos bairros mais nobres da cidade onde moram, tenha milhares de seguidores em suas redes sociais e conheçam gente de muita influência social. Há também quem tenha muito menos que isso e tenha de trabalhar duramente simplesmente para ter o pão de cada dia. Entretanto, nos dois grupos encontramos pessoas que se deixam dominar pelo poder do "vil metal", seja pela fartura dele ou pela escassez, e viver dessa forma, confiando nessas coisas e apostando nelas todas as fichas, só aumenta o vazio existencial que leva muitos aos vícios. Pode parecer exagero, mas não é.

A Bíblia é clara quando diz que não devemos nos deixar dominar por coisa alguma (1Coríntios 6:12). E o que é o vício senão algo que gera dependência e exerce domínio sobre as pessoas? Ainda assim, ocorre de a iniciação ao mundo dos vícios começar dentro de famílias que frequentam nossas igrejas.

Mais adiante, na carta aos coríntios, Paulo deixa claro que devemos proteger o nosso corpo, pois ele é santuário do Espírito Santo de Deus. Ele escreve: "Acaso não sabem que o corpo de vocês é santuário do Espírito Santo que habita em vocês, que lhes foi dado por Deus, e que vocês não são de si mesmos?" (1Coríntios 6:19).

Ainda que muitos conheçam de cor esse texto, temos visto, com mais frequência do que gostaríamos de ver, crianças e adolescentes mutilando, degradando e enfraquecendo o próprio corpo, entregues a vícios estranhos, que preocupam cada vez mais os pais e os profissionais da saúde física e mental.

É necessário ficarmos atentos: quando determinada ação ou prática parecer estar saindo do controle, ocupando parte significativa de nosso tempo e pensamento, e da nossa atenção, devemos retroceder e buscar ajuda, pois pode ser que um vício esteja se instalando.

Curiosamente, os vícios de hoje são, em parte, diferentes daqueles dos tempos de nossos pais e avós. A seguir, apresentamos uma lista com alguns dos vícios que nortearão o foco de nossa atenção com respeito aos nossos filhos:

- **Compulsão por internet e redes sociais** – Para muitos jovens a internet já é algo essencial, mais até que a água, o alimento e a moradia. O perigo é logo descoberto quando a internet muda o comportamento social do adolescente e/ou do jovem.
- **Excesso de uso do celular** – Quem já nasceu em pleno "bum" da era tecnológica, com acesso ao mundo na palma das mãos por um pequeno aparelho chamado celular, não imagina a vida sem ele. É isso que ocorre com os filhos destes tempos. Desde que os filhos são pequenos, quando pais querem que eles fiquem quietos, fazem o quê? Entregam o celular para eles, ligado em algum joguinho ou vídeo engraçado, e pronto. Está aí a porta de entrada para o vício do momento, o vício em celular. E nós também temos de cuidar para não incorrer na dependência desse pequeno, mas poderoso, objeto. Afinal, quem nunca saiu de casa, mas voltou porque esqueceu o celular?
- **Compras** – Inimigo da saúde financeira. Esse vício faz a criança não querer poupar, optando pela satisfação imediata proporcionada pelo ato de comprar agora o que poderia ser adquirido depois, com condições muito melhores e até mais barato, lá na frente.
- **Jogos** – É cada vez mais comum pessoas jogarem on-line. Adolescentes, jovens e adultos viram noites envolvidos em jogos que começam aparentando inofensivos, mas que podem terminar viciando o seu filho e, em alguns raros mais verdadeiros casos, levar à morte.

- **Comida** – A obesidade infantil é um dos problemas de saúde que mais cresce na atualidade. Nunca tivemos tantas crianças obesas como agora. Temos uma geração que passa tanto tempo diante de telas e consumindo comida do tipo *fast food*, lanches à base de embutidos e biscoitos industrializados, por isso é tão importante que os pais mantenham vigilância, a fim de que seus filhos não comam descontroladamente, tornando-se glutões viciados em comida.
- *Cutting* – A automutilação faz que o corpo libere endorfina, substância responsável pela sensação de bem-estar e prazer. Ainda que não consigamos entender, quem se mutila busca sentir-se saciado. Cada vez mais aumenta o número de casos de jovens, em escolas, que se cortam com canivetes, lâminas de barbear e até apontadores de lápis. O *cutting* é um transtorno mental e precisa de tratamento. Normalmente, adolescentes que se automutilam tentam ao máximo esconder esse hábito de seus pais, por isso passam a usar blusão, moletom ou camisas com mangas longas, mesmo em dias quentes. Portanto, se perceber esse comportamento em seus filhos, fique atento.

A QUESTÃO DO SUICÍDIO: UMA REALIDADE CADA VEZ MAIS PERTO DE NÓS

Segundo a Organização Mundial da Saúde (OMS), todos os anos, 700 mil pessoas tiram a própria vida. A OMS também revela que o suicídio é a quarta principal causa de morte entre jovens de 15 a 29 anos e o número de casos tem aumentado também entre a população com idade entre 5 e 14 anos, no Brasil e no mundo. Em 2021 ocorreram 200 suicídios entre pessoas nesta faixa etária, e pasme, cinco delas eram menores de nove anos. Nos últimos 25 anos, o número de óbitos por suicídio envolvendo crianças chega a 3,2 mil.

Ocorrências de suicídio na sociedade atual é mais comum do que podemos imaginar e vem assombrando muitos lares, tornando-se uma realidade também no ambiente das igrejas.

Poucos livros apresentam esse tópico como um perigo para os filhos de forma tão clara. E esse é um tema difícil de ser abordado, entretanto faz-se cada vez mais necessário falar sobre ele em nossos lares, especialmente devido à ocorrência de casos em ambientes escolares, envolvendo crianças em fase escolar, amigos de nossos filhos.

Talvez você já tenha ouvido história de pessoas próximas a você que se suicidou. E os casos nem sempre são protagonizados por alguém em situação de vulnerabilidade social, com problemas familiares sérios, portador de doença grave ou que tenha vivenciado uma situação extremamente constrangedora. Os casos envolvem crianças aparentemente normais, jovens que tinham casa, "roupa lavada", alimentação, família, amigos e que, em muitos casos, frequentavam uma comunidade de fé.

Dados divulgados pela Insurtech Azos brasileira indicam que entre 2014 e 2019 o número de suicídios no Brasil aumentou em 28%.[50] Algo que aparentemente era um problema distante, hoje está muito mais próximo de todos nós.

Entender os motivos que levam uma criança ou um jovem, em sua plenitude de descobertas e conquistas, a atentar contra a própria vida é algo sobre o qual nós, pais, precisamos refletir.

As doenças emocionais que aumentam a cada dia são um grande propulsor do número de suicídios, e cuidar disso desde que os filhos são pequenos é fundamental para evitarmos que algo mais grave ocorra mais tarde. Se seu filho apresenta sinais de depressão, tendência a sempre estar isolado, demonstra falta de empolgação com as coisas próprias da idade dele, é hora de acompanhar mais de perto e, se necessário, buscar ajuda profissional.

No mundo onde os amigos são da rede social e todos demonstram estar sempre muito bem, é possível que o jovem que tem alguma fragilidade se sinta triste quando olha para sua verdadeira face e a compara com o que é apresentado pelos colegas virtualmente; ele se vê em uma realidade bem diferente daquela que seus amigos postam em suas redes sociais. Por isso é importante que você converse com seu filho, valorize seu filho, ressalte o quanto ele é importante para você e para Deus; pais precisam estar atentos e cuidar para que a baixa autoestima não leve seus filhos a um caso de depressão, que por intensificar-se pode culminar em ações que coloquem em risco a vida deles e até acabem em morte.

HOMOSSEXUALIDADE: A DITADURA PARA NORMALIZAR O QUE NÃO É NORMAL

Algo que ronda as escolas do nosso país é o perigo de ser atraído pela homossexualidade como algo "da moda", uma vez que há farta disseminação da ideologia de gênero e uma militância para se tratar como normal algo que não é normal.

Por se tratar de um assunto superpolêmico, queremos salientar que não pretendemos aqui emitir julgamento a quem quer que seja, entendendo que, do ponto de vista social, todo cidadão é livre para fazer escolhas e arcar com as consequências delas advindas. Entretanto, respeitar a pessoa não significa concordar com as escolhas que ela faz, especialmente quando consideramos o que a Bíblia diz a respeito do tema.

Como cristãos, seguimos o exemplo de Jesus, amando as pessoas e enxergando-as do ponto de vista humano, de um ser que tem dignidade pelo simples e maravilhoso fator de serem uma pessoa. O que fazemos aqui é alertar para o perigo que nossos filhos correm de ceder a uma ditadura, à pressão para que se considere como padrão algo que se enquadra no quadrante da exceção, tanto do ponto de vista biológico quanto do ponto de vista da criação, já que Deus criou homem e mulher. Não há como aceitar como normal e como regra algo que foge à normalidade e configura-se como exceção.

A sociedade apresenta o tema de forma e com posturas bem diferentes. Há uma busca inescrupulosa pela felicidade e para atingir esse objetivo vale qualquer coisa, inclusive sacrificar princípios norteadores essenciais. Na própria cultura em suas mais variadas formas, especialmente no que se refere à expressão artística, com destaque para aquelas a que a maioria das pessoas têm acesso, como programas de TV, novelas, filmes e séries, a temática da homossexualidade é tratada de forma banal, além de imposta.

O que mais nos preocupa é que o tema tem chegado às escolas. Professores militantes, ou simplesmente considerados de "mente aberta" tem inserido a temática da homossexualidade e outros tópicos relacionados à sexualidade no conteúdo da grade comum curricular, abordando-os de forma contrária ao que Deus planejou, visando a incutir na mente das crianças ideias e padrões que distam anos-luz do que Deus estabeleceu, num processo de as dessensibilizar, a fim de que considerem tudo isso como normal, quando, na verdade, não é; e por mais que alguns queiram, nunca será normal, pois não foi assim que Deus fez.

A Bíblia é clara quando declara:

> Vocês não sabem que os perversos não herdarão o Reino de Deus? Não se deixem enganar: nem imorais, nem idólatras, nem adúlteros, nem homossexuais passivos ou ativos, nem ladrões, nem avarentos, nem alcoólatras, nem caluniadores, nem trapaceiros herdarão o Reino de Deus (1Coríntios 6:9-10).

Sabemos que Deus não aprova a relação homossexual. Em Levítico 18:22 Ele é ainda mais claro quando diz que *"Nenhum homem deverá ter relações com outro homem"* pois *"Deus detesta isso"*.

É necessário deixar algo muito claro aqui: embora a Bíblia seja contrária às práticas homossexuais, ela não apoia a homofobia ou o ódio aos homossexuais. "Amar o pecador, mas abominar o pecado" é uma declaração que representa a contento a forma como devemos lidar com a temática da homossexualidade e dos assuntos relacionados a uma sexualidade deturpada, mas também é como devemos tratar qualquer outro pecado.

A questão com a homossexualidade e a deturpação da sexualidade sadia, como concebida por Deus, é que, além de ser algo que desagrada ao Senhor, as práticas sexuais com pessoas do mesmo sexo também envolvem sérios riscos à saúde e expõe ao risco de contrair sérias doenças.

Outro fator sobre o qual precisamos ponderar é que não existe gene "gay"; a própria ciência já revelou isso.[51] Ou você nasce homem ou nasce mulher. Obviamente que ocorrem casos de pessoas que nascem sem o órgão genital externo masculino ou feminino definido, conhecidos como bebês intersexo, sobre os quais não teremos tempo de abordar nesta obra.

A questão da homossexualidade existe; isso é fato. O nosso cuidado, como pais, é fundamental para que isso não venha a acontecer por influências do meio ou por pressão de quem quer que seja. Claro que não queremos com isso culpar aos pais que hoje passam pelo desafio dos filhos vivendo a homossexualidade. O que queremos dizer é que, sim, podemos ajudar a não banalizar, uma vez que não é genético, e que, em muitos casos, mudanças podem acontecer, mesmo em pessoas que viveram na prática da homossexualidade. O processo de homossexualidade tem uma natureza viciante, mas não é definitivo.

Se aprendermos desde cedo a controlar os nossos desejos e ponderarmos sobre os exemplos que vemos à nossa frente, podemos, sim, evitar essa situação em nossa vida. Até porque não podemos limitar nossa vida apenas ao desejo sexual. Deus fez o sexo, sim, como algo para prazer e procriação, mas a nossa vida não pode girar em torno disso. Assim como um heterossexual deve se conter e não praticar atos ilícitos, uma pessoa que sofre com a homossexualidade pode também lutar contra o desejo homossexual, respaldada pela força de Cristo.

O apóstolo Paulo alerta que devemos fazer "[...] morrer tudo o que pertence à natureza terrena [...]: imoralidade sexual, impureza, paixão, desejos maus e a ganância, que é idolatria".

Todos nós precisamos nos conter, e para eliminar os desejos errados, precisamos controlar nossos pensamentos. Mudar as companhias e deixar de fornecer à nossa mente "alimentos" que estimulem desejos pecaminosos. E aqui reafirmamos algo que já dissemos: precisamos ter muito cuidado com as amizades que nossos filhos mantêm, além, é claro, de estarmos atentos também àquilo que eles andam assistindo.

MÁRCIA

Aqui em nossa casa, para cuidar do convívio dos meninos, alguns anos atrás, mudamos os dois mais novos de escola. Há algum tempo havíamos tirado nossa filha mais velha, Emilly, de uma grande escola aqui em Recife, que era, talvez, uma das mais bem focadas no ENEM, e a colocado em uma escola menor, com foco cristão.

No momento em que estamos escrevendo esse livro, Emilly está com 24 anos. Muitas vezes, ela nos mostra suas redes sociais, com postagens de amigas que quando tinham 11 ou 12 anos vinham à nossa casa fazer trabalho do colégio com ela ou brincar, e que agora estavam iniciando uma vida homossexual. No colégio onde ela estudava tornou-se "moda" vivenciar a experiência de meninas beijarem meninas e meninos beijarem meninos; ver meninas e meninos beijando na boca colegas do mesmo sexo tornou-se uma cena vista com frequência durante o recreio, e a consequência chegou para muitas daquelas crianças que hoje vivem uma relação homoafetiva.

Quando transferimos nossos menores para outra escola, eles ainda estavam no ensino fundamental, contudo, não queríamos expô-los a esse tipo de situação, por mais que expliquemos a eles o que é certo e o que não é certo aos olhos da Palavra de Deus.

É bem melhor evitar que eles convivam em ambientes que favoreçam atos contrários aos ensinados na Bíblia.

E olha, com isso, não estamos dizendo que nossos filhos tenham de ser criados dentro de uma bolha, numa espécie de "Mundo de Bobby",* "separados ou alienados", e sabemos que não temos como blindá-los de tudo. O que estamos trazendo aqui é a atenção que devemos ter para evitar que os filhos convivam a maior parte do dia com pessoas com princípios e valores diferentes dos nossos.

Uma certa vez ouvi uma psicopedagoga comentando que você não pode vencer a influência que os amigos ou o meio terá na vida de seus filhos, mas pode, sim, escolher quais são os meios que eles frequentarão.

Nossa decisão foi superacertada, e hoje, mesmo em um colégio menor, mas que adota os princípios morais em que nós acreditamos, ficamos muito mais tranquilos quanto às referências que eles terão, com quem eles passarão mais tempo e as influências que sofrerão.

Claro que nem a nova escola nem os funcionários dela são perfeitos, mas os princípios adotados pela instituição e os valores ensinados são iguais aos nossos, assim, mesmo não estando em casa, sabemos que nossos filhos estão recebendo a influência que queremos que recebam, uma boa influência.

Infelizmente, essa moda que querem que pegue no Brasil, de que uma criança pode, sim, experimentar um beijo em outra do mesmo sexo, para que a partir daí ela decida do que gosta mais, qual o sexo ela quer seguir, é, sem dúvida, um ataque à moral e aos bons costumes e, principalmente, ao modelo que Deus criou de família.

---

* Desenho animado que conta a história e as aventuras de um garoto de 4 anos que tem uma imaginação fértil e percepções infantis e fantasiosas acerca do mundo.

Em defesa da liberdade de expressão, defende-se que uma menina tem de ter o direito de escolher se vai ao banheiro feminino ou ao masculino, se meninos querem usar vestido ou não, se hoje querem "x" e amanhã, "y", indo completamente contra a própria essência, a natureza de cada um de nós. Precisamos cuidar dessa influência, das amizades que nossos filhos têm tido e do que eles estão assistindo, além, claro, de ensinarmos sempre os princípios bíblicos do que é aprovado ou não por Deus.

PEDOFILIA: UM INIMIGO ENTRE OS NOSSOS

Quem nunca ouviu o conselho dos pais para não entrar em carro de estranhos, não aceitar coisas comestíveis, cheirar substâncias provenientes de fontes alheias ou até não marcar encontros com pessoas estranhas e se marcar de encontrar alguém conhecido que o façam somente em locais públicos? Entretanto, muitas vezes isso não é o suficiente, pois nem todos pensam assim e nem todo filho obedece à recomendação dos pais.

O Brasil ocupa o segundo lugar no ranking mundial de exploração sexual de crianças e adolescentes, perdendo apenas para a Tailândia.[52] Só em 2021, 47 mil casos de denúncias de violência sexual na faixa etária de 0 a 18 anos foram registradas, segundo dados do Governo Federal.[53] Desses, 71% dos casos aconteceram dentro de casa. Esses são os dados que estão registrados, mas você já imaginou a que número chegaríamos se somássemos os casos que não são denunciados?

Quando se trata de abuso infantil é preciso esclarecer que a pedofilia é um inimigo silencioso e que, muitas vezes, acontece dentro de casa, por meio de um familiar ou um amigo próximo, ou no núcleo familiar expandido, em festas de família, viagem de férias, visita à casa de um parente. Então, conversar com seus filhos, saber onde eles estão, com quem passam mais tempo e o que fizeram, é muito importante.

Nós mesmo, sempre que os nossos menores vão à casa de um amigo passar o dia, quando voltam para casa fazemos duas perguntar simples:

- O que você mais gostou lá?
- O que aconteceu que você não gostou?

Com perguntas simples como essas, criamos um costume entre nós de eles nos falarem tudo, sempre; principalmente coisas de que eles não gostarem.

Quando mencionamos "passar o dia", não foi por acaso, mas é porque não permitimos que nossos filhos durmam na casa de outras pessoas. Nem mesmo amigos da igreja. Os amigos deles podem dormir em nossa casa, e incentivamos que venham, mas os nossos filhos só dormirão fora quando ficarem adultos. Tem coisas em nossa casa que não são negociáveis.

VOCÊ PRECISA PROTEGER

Aqui vão algumas dicas de coisas que talvez você já saiba, mas que não nos custa relembrar:

- Cuide com bastante atenção do seu filho.
- Verifique com quem ele passa mais tempo.
- Pergunte o que ele fez, o que mais gostou e o que não gostou.
- Ensine-o a não aceitar nada de estranhos.
- Cuidado na convivência com amigos muito mais velhos.
- Atenção redobrada aos contatos nas redes sociais.

Você, assim como nós, não vai conseguir passar 24 horas de olho nos seus filhos. O melhor seguro para eles é que temam a Deus. E esse seguro você paga um pouquinho por dia, com sua atenção e oração.

É importante também mostrarmos que existem riscos, ensiná-los a reconhecer esses riscos e treiná-los a responder adequadamente às situações que podem aparecer. E é claro que, se você sentir que existe o problema, denuncie. Como disse Martin Luther King: "O que me preocupa não é nem o grito dos corruptos, dos violentos, dos desonestos, dos sem caráter, dos sem ética... O que me preocupa é o silêncio dos bons".

Por mais que seja uma situação superdelicada, se você não denunciar, aquela pessoa vai continuar agindo e prejudicando outras crianças. Um bom caminho é seguir esses passos:

- Ouça seu filho sem criticá-lo.
- Incentive-o a falar devagar e bem tranquilo, sem pressão, para não o travar.
- Não jogue culpa em cima dele, o peso do que aconteceu pode ser muito grande.
- Ofereça colo e proteção.
- Prometa que vai procurar as autoridades e que a justiça será feita.

AVISO IMPORTANTE: não se engane, os pedófilos não vêm vestidos com uma capa de bruxo ou com um rabinho e um tridente. Na maioria dos casos, são pessoas que se misturam facilmente à multidão, comuns, que não se destacam e que convivem com você. Pode ser até alguém da sua família. Portanto, redobre os cuidados e proteja seu bem mais precioso contra esse mal. E para isso, nada melhor do que buscarmos mais e mais a presença de Deus na nossa família, na nossa casa. É isso que dará a blindagem fundamental para essa construção de um legado que abençoe as próximas gerações.

E é sobre isso que iremos refletir no próximo capítulo. Se prepare para mergulhar no melhor de Deus e aprender chaves que o colocarão na melhor fase de sua história familiar. Esperamos você lá!

E aí? Como foi para você analisar esses perigos? Houve algo novo, que você não havia percebido antes e que Deus lhe tenha revelado? Que compromisso você assume depois dessa etapa?

✋ Compromisso de mudança

EXEMPLO: Eu me comprometo a pesquisar e conversar muito com meus filhos sobre drogas e por que evitá-las.

1. Eu me comprometo a _____
_____.

2. Eu me comprometo a _____
_____.

3. Eu me comprometo a _____
_____.

4. Eu me comprometo a _____
_____.

5. Eu me comprometo a _____
_____.

🎬 Dica de filme

CLICK

Um filme com Adam Sandler, que nos mostra claramente o quanto precisamos aproveitar o nosso tempo em família. No filme, ele é um arquiteto que está cada vez mais frustrado por passar a maior parte do tempo trabalhando. Até que ele encontra um aparelho que permite que ele acelere qualquer momento tedioso da vida. Ele começa a passar as coisas e quando se dá conta perdeu os melhores momentos da vida. Grande ensinamento para lembrarmos que as fases da vida de nossos filhos não voltam mais, precisamos aproveitar.

Sem Deus é impossível

[...] eu e a minha família serviremos ao Senhor.
Josué 24:15

A batalha pela vida de nossos filhos é travada nos joelhos. Quando não oramos, é como se nos sentássemos nas arquibancadas e ficássemos observando nossos filhos na frente da batalha sendo atingidos por projéteis de todos os lados.
Stormie Omartian

Se tem uma coisa que deveria chamar nossa atenção é o problema da paternidade mal resolvida. Muitos dos desafios que vemos hoje são frutos de pessoas que não viveram uma relação familiar saudável. Muitos deles carregam traumas, marcas e dores de uma relação turbulenta com os pais, especificamente com a figura paterna ou materna, ou até mesmo com a figura que ocupa um desses papéis (avós, tios etc.), e levam isso para sua vida adulta.

Por não terem tratado ou ressignificado questões relacionadas à infância no relacionamento com os pais ou com a pessoa que desempenhou esse papel em sua vida, muitos carregam crenças equivocadas e limitantes para seu estilo parental, prejudicando-os no exercício de seus papéis como pai ou mãe. Mais do que isso, por não terem tratado sua relação com o "pai terreno", não conseguem experimentar a plenitude na relação com o Pai celestial.

Um pai deveria buscar uma relação plena com Deus, para que ele pudesse derramar isso na vida dos seus filhos. Quando os pais — pai e/ou mãe, mas especialmente o pai (genitor) — quebram aquele espelho que deveria refletir Cristo, o filho não consegue enxergar com clareza o Pai celestial, porque o maior exemplo de paternidade que ele tem próximo de si falhou em demonstrar o amor de Deus. E isso é muito forte. É essa quebra que pode atrapalhar gerações. São as ações, as palavras, as omissões de um pai (a quem vemos e com quem convivemos na infância e na adolescência) que nos levarão a entender a figura do Pai celestial (a quem não vemos). Se essa imagem foi manchada, quebrada ou mesmo arranhada, teremos muito mais dificuldade de nos sentir amados por Deus.

A maior parte dos nossos traumas foram gerados na infância. E se tivéssemos pais mais conscientes e com conhecimento adequado para nos ajudar nesse tempo, quantos problemas poderiam ter sido evitados ou resolvidos naquela fase, evitando que traumas fossem carregados para as fases posteriores e, em muitos casos, permanecessem até à fase adulta?

O que tem aumentado, no entanto, é a ausência dessa figura, sejam os casos que aumentam a cada ano de pais que nem sequer registram o filho,[54] sejam os casos de pais que deveriam prover, cuidar proteger, mas que fazem seus filhos sofrerem pelo abandono afetivo, ou até mesmo deixam marcas por abusos, como agressões e comportamentos inadequados na criação.

A questão é que o dano causado pela ausência da figura do pai em uma família leva a prejuízo graves, incluindo a propensão à criminalidade. Conforme mencionamos no início deste livro, estudos comprovaram que é a falta do pai, e não questões sociais, que se configura como fator que exerce maior influência para a entrada de um jovem na criminalidade. Isso é tão chocante que, só para se ter uma ideia: 92% dos jovens presos são filhos de pais ausentes.[55] Dados de diversas entidades dão conta de que:

> 63% dos suicídios de jovens acontecem em lares sem o pai presente (U.S. Dept of Health/Census) – 5 vezes mais que o normal;
>
> 90% de todas as crianças de rua e aquelas que fogem de casa são de lares sem um pai – 32% maior que a média;
>
> 80% dos estupradores com ira descontrolada cresceram em lares sem o pai presente – 14 vezes maior que a média (Justice & Behavior, vol. 14, p. 403-26);
>
> 71% de todos os estudantes do Ensino Médio que largam os estudos cresceram em lares sem a figura paterna – 9 vezes maior. (National Principals Association Report);
>
> 70% dos jovens presentes em instituições estaduais de segurança e recuperação de drogas cresceram em lares sem um pai – 9 vezes maior que a média (U.S. Department of Justice, Setembro, 1988);
>
> 90% de crianças de rua são vindas de lares sem um pai (U.S. D.H.H.S., Bureau of the Census);
>
> 71% de adolescentes grávidas não possuem o pai no lar (U.S. Department of Health and Human Services press release, Friday, March 26, 1999);
>
> 63% dos suicídios na adolescência são de lares sem um pai [US D.H.H.S., Bureau of the Census];
>
> 85% de crianças com desordens de comportamento são de lares sem um pai [Center for Disease Control];
>
> 71% de estudantes que largam o Ensino Médio vêm de lares sem um pai [National Principals Association Report on the State of High Schools];
>
> 70% dos adolescentes em carceragem para correção não possuem um pai presente [US Department of Justice, Special Report, Sept. 1988];

Filhas de mães solteiras sem o pai envolvido têm 53% maior probabilidade de se casarem enquanto ainda adolescentes; 11% mais chances de engravidarem na adolescência; 164% maior probabilidade de terem um filho antes do casamento e 92% de passarem por um divórcio mais tarde.

Meninos e meninas sem um pai possuem o dobro de chances de largar os estudos, o dobro de chances de ser presos, 4 vezes mais chances que precisarão de ajuda terapêutica ou médica para problemas de comportamento ou emocionais [US D.H.H.S. news release, March 26, 1999].[56]

Muitas vezes ocorre o fenômeno da repetição de padrão, mesmo que involuntariamente. É comum filhos repetirem as coisas inadequadas que os pais fazem/faziam; as vezes são copiadas coisas com as quais nem concordam. Nosso exemplo é um fator poderoso e exerce grande impacto na vida de nossos filhos.

Quem somos e nossa forma de viver são extremamente importantes quando o que temos em vista é a construção de um legado que marque a vida de nossos filhos e abençoe não somente a eles e a nossa família, mas que abençoe até mil gerações.

Temos de cuidar com o que levaremos para a próxima geração, e talvez nada seja mais importante do que levar a elas o amor a Deus, a dependência de Deus, uma relação plena com Ele. Esse é o maior legado que precisamos deixar para nossos filhos e é uma busca intensa e constante. Primeiro para nos encher, depois para transbordar na vida deles, até porque acreditamos muito na máxima de que *você só pode dar aquilo que você tem*.

PARA SERMOS PAIS, PRECISAMOS APRENDER A SER FILHOS

A grande questão é que, como carregamos marcas da nossa criação, não conseguimos nos relacionar verdadeiramente com Deus.

Não conseguimos ser filhos, e se não reconhecermos nossa identidade em Cristo, se não entendermos que Ele morreu para nos salvar dos pecados e proporcionar uma relação estreita com nosso Pai celestial, dificilmente conseguiremos contagiar nossos filhos para que eles se apaixonem por Deus.

Precisamos entender o propósito de Deus para nossa vida; nossa filiação em Deus; o DNA de filhos amados do Pai; que temos a genética do Pai e que somos coerdeiros com Jesus. Quando isso está bem resolvido em nós, podemos exercer nossa paternidade de uma forma mais plena e sadia.

Fomos criados com um design, visando a um propósito específico. Vejamos o exemplo do navio. Um navio pode ser visto no porto. O porto é um ambiente para "descanso", para "recarregar a bateria"; um local seguro, necessário por um tempo, mas um navio não é projetado para ficar no porto. Quem o projetou o fez para que ele navegasse por altos mares. E assim é conosco. O nosso projetista nos criou para um propósito. Ele nos fez (Gênesis 1:22) para que pudéssemos ser férteis e multiplicássemos o modelo de amor que aprendemos e experimentamos dele.

ENSINANDO A PALAVRA DE DEUS AOS FILHOS

Certa vez ouvimos um pregador que contava sua experiência em uma conferência. Havia quatro teólogos em uma espécie de bate-papo no palco. Em certo momento, o mediador do debate perguntou: qual das versões bíblicas mais impactam vocês?

O primeiro teólogo afirmou que, sem dúvida, a Almeida era sua preferida, pois era mais fidedigna ao original.

Já o segundo falou que o hábito de usar a Nova Versão Internacional em sua igreja, bem como na maior parte das igrejas em que ele pregava, tornava essa a sua preferida.

O terceiro afirmou que a Tradução na Linguagem de Hoje era sua preferida e a que melhor falava com ele, devido à praticidade e facilidade de entendimento para a maior parte do público.

O último teólogo do debate surpreendeu a todos quando contou que, de todas as versões bíblicas, a que mais falou com ele e mais marcou sua vida havia sido a versão de sua mãe. Ele disse que ela leu a Bíblia para ele durante toda a infância, que explicava, contextualizava, trazia para os desafios que ele enfrentava na vida, e nunca, jamais ele esqueceu que a mãe vivia tentando viver o que aprendia na Bíblia.

Essa última, sem dúvida, é a versão mais forte, e é essa que precisamos passar para a próxima geração. Você não precisa saber a Bíblia toda, mas é fundamental que viva aquilo que você tem aprendido nela, porque *seu filho pode não fazer o que você fala, mas irá copiar tudo que você faz*. Por isso, voltamos a lembrar que precisamos ensinar pela manhã, à tarde e à noite, ao nos levantar e ao deitar, sem parar e a todo tempo (Deuteronômio 6:7). E por mais difícil que seja, e sabemos o quanto é desafiador com tantas atividades que temos a realizar, essa é nossa principal missão.

Nos seminários em que ministramos, no Brasil e no exterior, seja para casais ou para famílias, sempre dizemos que a parte "mais fácil" é ir e pregar ali. A parte mais difícil é viver o que pregamos todos os dias, na frente dos nossos filhos, em casa, para que eles desejem viver a vida cristã que nós vivemos. O maior desafio é inspirá-los a perpetuar essa chama pelas próximas gerações, e para isso precisamos ensinar sempre.

Mas para ensinar, você precisa aprender, buscar, ter sede de conhecer mais de Deus e das coisas relacionadas à criação de filhos.

O escritor e psiquiatra Içami Tiba certa vez disse[57] que pouco vale para um cirurgião apenas amar seu paciente; para realizar uma boa cirurgia é necessário ter técnica. O mesmo princípio se aplica em relação a ser pais. Os pais precisam estar o tempo todo se capacitando, buscando na Bíblia, nos livros, em cursos e palestras, o conhecimento necessário para serem pais melhores.

Uma frase atribuída ao pregador inglês Charles Spurgeon diz: "Treine uma criança no caminho que ela deve seguir, mas certifique-se que você está indo pelo mesmo caminho".

Então, pegue a Bíblia, abra-a em um texto que você conhece, pegue uma história conhecida, um milagre de Jesus, e comente com seus filhos. Fale o quanto aquilo toca em sua vida, peça que eles comentem a respeito do que você leu e faça desse momento um hábito de crescimento para sua família. Com o passar do tempo, faça com eles alguns estudos bíblicos; há diversos disponíveis na internet e nas livrarias espalhadas em todo país, muitos deles para serem realizados em casa, com sua família.

O mais importante é você entender que a paixão por Jesus, o seu desejo de orar e ler a Bíblia em sua casa, é que irá despertar os seus filhos. Quando virem isso acontecer na sua casa, algo acontecerá no coraçãozinho deles. Essa é sua tarefa como pai. Você não poderá terceirizar isso para a igreja ou escola. Lembre que elas são parceiras, mas o papel principal é seu e, claro, de seu cônjuge se você for casado(a).

VIVENDO COM OS FILHOS A INTIMIDADE DE DEUS

Se há algo que fará seus filhos viverem um relacionamento com Deus é a oração. Para que isso aconteça, é muito importante que, desde cedo, você crie o hábito de orar com eles. Não apenas quando eles forem dormir, mas também durante as refeições, ao sair de casa. E sempre que você tiver oportunidade, mostre a eles, com exemplos simples, que você depende de Deus para tudo e por isso para e ora por seus filhos, mas também com eles.

Sobre isso o autor Danny Silk afirma:

> Ame seus filhos incondicionalmente. Como pais, nosso objetivo é realmente introduzir nossos filhos num relacionamento com Deus, fazendo nosso melhor para nos relacionarmos com eles da mesma maneira. Mas especificamente, Deus nos confiou a tarefa de reconhecer em nossos filhos suas qualidades únicas que se conectam com o chamado Dele para suas vidas e ajudá-los a desenvolvê-las intencionalmente. Somos mordomos desse caminho.[58]

O momento de oração deverá ser o momento mais especial do dia de vocês. Se seu filho não o vê orando, dificilmente ele irá orar. Se a oração não é um hábito em sua casa, não será na vida dos seus netos. Pense nisso. As próximas gerações viverão os frutos do que você está plantando hoje.

> *Se seu filho não o vê orando, dificilmente ele irá orar.*

Ao falar a respeito disso, o pastor Josué Gonçalves[59] diz que "O ato da adoração pessoal, espontânea e profunda é, frequentemente, esquecido em nossas igrejas. E, o que é pior, a razão provável para isso é o fato de a adoração estar também ausente na maioria dos lares cristãos".

Um exemplo de uma casa de oração e do quanto isso influencia a vida de um filho pode ser bem ilustrado com a vida de Timóteo, escolhido para ser discípulo do apóstolo Paulo. Em sua carta endereçada a ele, Paulo ressalta a importância da paternidade saudável desempenhada pela mãe e a avó de Timóteo para formação do caráter desse jovem. Ele diz: "Recordo-me da sua fé não fingida, que primeiro habitou em sua avó Loide e em sua mãe, Eunice, e estou convencido de que também habita em você" (2Timóteo 1:5).

Se a geração anterior de Timóteo não tivesse cuidado de dar a ele uma formação sólida no caminho de Deus, talvez ele não tivesse sido escolhido por Paulo para missões tão importantes como as que lhe foram designadas.

#PraPensar

- Que papel você quer que seus filhos tenham no plano de Deus?
- O que você tem feito para que eles possam, assim como Timóteo, ter uma fé sólida e não fingida?

Assinale abaixo: como seus filhos veem sua intimidade com Deus?

☐ É algo claro para eles, e eles me flagram em momentos em que estou conversando com Deus.

☐ Eles se inspiram em minha relação de intimidade com Deus e também desejam viver isso.

☐ Eles sabem das respostas de oração que tenho recebido.

☐ Sempre compartilho com eles o que tem que ser feito, mas eles não me veem fazendo.

☐ Não tenho explicado para eles como fazer, apenas cobrado deles essa intimidade.

E como você se vê nessa intimidade?

☐ Estou no nível de intimidade que sempre sonhei com Deus.

☐ Oro apenas em horários predeterminados.

☐ Sou muito ocupado para parar e orar.

☐ Até oro, mas com tanta coisa na minha mente, nunca consigo escutar o Senhor.

☐ Tenho muita fé, mas acho que ainda estou distante do que eu quero ter com Deus.

DEMONSTRANDO OS FEITOS DE DEUS PARA SEUS FILHOS

A Bíblia nos lembra do quanto é importante repetirmos para nossos filhos os ensinamentos do Senhor.

Ao ler a Bíblia é possível vermos que o povo judeu tinha o hábito de contar histórias sobre os feitos de Deus, passando-as de pai para filho, mesmo antes da Bíblia como nós a temos hoje. Essa mesma prática precisa ser algo comum em nossa vida e em nossa casa. Precisamos que os heróis de nossos filhos sejam os heróis da Bíblia, e isso só irá acontecer se eles se envolverem nessas histórias.

A família é o laboratório que Deus criou para gerar vencedores para as batalhas da vida; para isso precisamos mostrar que os heróis da Bíblia caíram, se levantaram, venceram, mas que em todo o momento Deus se fazia presente e assim também será na vida dos nossos filhos.

O pastor Bill Johnson[60] diz: "Mesmo que não seja segredo que a família esteja em crise, também não é segredo que a restauração da família está no topo da lista de prioridades de Deus. Isso significa que o céu está investindo em nosso sucesso".

Quando contamos aos nossos filhos as histórias de milagres, de vitória e até de derrota que tivemos ou conhecemos da Bíblia, os estamos inspirando a entender que a família é, sim, um projeto de Deus, e que Ele está 100% focado no sucesso dela, portanto, não estamos sozinhos nessa jornada.

Então, busque aumentar seu repertório histórias de milagres, sejam suas, de amigos e conhecidos, pessoas da igreja, pastores etc., e as compartilhe com seus filhos. Faça com que eles saibam o tempo todo, que o mesmo Deus que fez maravilhas nos tempos bíblicos e em anos passados continua realizando feitos milagrosos ainda hoje e continuará fazendo sempre.

UMA LINDA CARTA DE AMOR

Leia a Bíblia com seus filhos, mas também os incentive a desenvolverem por si mesmos o hábito de leitura bíblica, como algo natural e comum em sua vida. Muitos crentes, mesmo com muito tempo de igreja ainda não conseguem ter uma rotina de leitura bíblica, e essa é a melhor forma de aprendermos sobre Deus.

Por mais que saibamos que a Bíblia é, sim, uma linda história de amor que um Deus amoroso escreveu para seus filhos amados com objetivo de os ensinar como devem proceder no dia a dia, muitos cristãos com dez, quinze, vinte anos de igreja nunca leram a Bíblia toda.

E você já iniciou e concluiu a leitura de toda a Bíblia?

Em nossa casa, nosso filho Dyllan, leu a bíblia toda pela primeira vez quando tinha 11 anos. Ele entendeu tudo? Claro que não. Mas começamos a criar, na vida dele, um hábito que impactará as próximas gerações.

LEVANDO OS FILHOS PARA CASA DE DEUS

Uma mãe disse ao filho que estava na hora de se arrumar para irem à igreja. O filho respondeu que não queria ir à igreja, explicando que não gostava das pessoas e que elas também não gostavam dele, e completou dizendo à mãe: "Dê-me três razões pelas quais eu deveria ir hoje à igreja". A mãe olhou para o filho e disse: "Primeiro, hoje é Dia das Mães, eu sou sua mãe e quero que você vá. Segundo, você tem quarenta e cinco anos de idade e deveria ir. Terceiro, você é o pastor da igreja.

Pode até parecer engraçado, mas se pararmos para analisar, muitas vezes, nos parecemos com esse pastor. Sabemos que é importante irmos à igreja, vivermos a vida de comunidade de fé, mas por vezes cansados, cheios de desafios e envolvidos no corre-corre da vida, negligenciamos aquilo que deveria ser nossa principal paixão: nos alegrarmos em poder estar na casa do Senhor (Salmos 122:1). E não entraremos aqui no mérito de que a igreja não é um lugar, mas pessoas que se reúnem em nome de Cristo para honrar e celebrar a Deus com a família da fé. Isso você já sabe e, portanto, entende bem o que queremos dizer quando nos referimos a "ir à igreja".

Se você não tem essa paixão, se não tem isso como um compromisso de crescimento e participação, se não entende que fazemos parte de um corpo e que *a igreja, mesmo tendo desafios, é o lugar mais perfeito no mundo imperfeito em que vivemos* e precisamos fazer nossa parte lá, dificilmente você empolgará seu filho a frequentar uma igreja.

Certa vez vimos uma frase, daquelas que colocam na traseira de caminhões, que dizia: "Os pais que levam seus filhos à igreja não precisam buscá-los na cadeia". Obviamente que sabemos que essa é uma afirmação bem forte e, claro, que o fato de seu filho não ir à igreja, não quer dizer que ele terminará na cadeia. Mas, invariavelmente, se ele crescer dentro da igreja, se ele se apaixonar por Deus e pelas coisas que lhe dizem respeito, muito provavelmente passará, especialmente as fases de adolescência e juventude, muito mais protegido das "ofertas do mundo" e ficará firmado em Deus durante toda a vida adulta.

Precisamos ensinar aos nossos filhos que a igreja é uma família formada por pessoas imperfeitas que se reúnem na presença do Deus perfeito para servi-lo, e que é o que fazemos no dia a dia que fará com que a igreja sirva ao propósito para o qual Deus a destinou. Então é importante que você não apenas sirva na igreja, mas que, nos mínimos detalhes, inspire seus filhos a desejarem fazer parte da construção da igreja do Senhor (Mateus 16:18).

Se quando criança seu filho não se sentir parte de algo enquanto ele está na sua casa, futuramente, quando adolescente, ele fará parte de algum grupo. E esse grupo pode ser uma gangue na rua. Por isso, faça ele fazer parte do grupo da igreja, logo cedo, servindo nessa obra.

CRIE SEUS FILHOS DE FORMA QUE ELES SEJAM INFLUENTES E NÃO INFLUENCIADOS

Em um mundo repleto de influenciadores, precisamos fortalecer nossos filhos para que eles possam ser sal e luz nesse mundo.

A cada dia mais se faz necessário abastecê-los, primeiro do amor de Deus, para que não se sintam carentes e falte algo que eles precisem buscar na rua; depois, de conhecimento que os torne fortes para combater as mentiras que o inimigo irá colocar no meio do caminho.

Dessa forma, em vez de nossos filhos serem tragados pelo mundo, eles farão a diferença no mundo. Afinal, é para isso que os devemos criar, e é sobre isso que se trata um legado que impacta e abençoa até mil gerações. O pastor Bill Johnson comenta:

> Quando meus filhos estavam crescendo, eu os colocava na cama repetindo essas duas afirmações, noite após noite: "Lembre-se, você é parte de um time que está aqui para mudar o mundo" e "Quando você for dormir essa noite, pergunte a Deus se existe qualquer coisa impossível que Ele deseja que você faça". Era meu esforço criar crianças que não conhecessem limites.[61]

Bill diz que precisamos preparar essa nova geração para os seus momentos divinos, que irão destravar seus destinos sobrenaturais.

Sabendo disso, enviamos nossa filha mais velha Emilly para estudar, treinar e se preparar na Bethel School of Supernatural Ministry (BSSM), em Redding, na Califórnia, com o próprio Bill Johnson. Ela se formou lá, se casou, mora fora do país e isso a impulsionou para hoje mentorear mulheres em todo o mundo.

Segundo Johnson: "É importante que eduquemos nossas crianças com um senso de destino, mas sem tentar controlá-las ou manipulá-las para que cumpram os sonhos que temos para elas. O destino delas deve ser dado por Deus".[62]

Por isso, quanto mais aproximarmos nossas crianças de Deus, mas facilmente elas irão se apaixonar pela obra de Deus, desejar viver os planos de Deus, e ter mais intimidade para conseguirem ouvir o que Deus quer que elas façam.

A SUA CASA É O QUARTEL-GENERAL DO CÉU

A igreja de Atos, que tanto nos inspira, já tinha o hábito de mulheres e filhos se ajoelharem e orarem. Veja o que está escrito em Atos 21:5: "[...] Todos os discípulos, com suas mulheres e filhos, nos acompanharam até fora da cidade, e ali na praia nos ajoelhamos e oramos".

MÁRCIA

Quando foi a última vez que você parou para orar com seus filhos? Quando tiveram um culto doméstico? Em que vocês serviram juntos? No nosso ministério, quanto a meus dois filhos menores, um é o "gerente de expedição" e o outro "gerente de estoque"; nós os criamos de forma a valorizar o servir e entender que isso é importante para agora e para o futuro deles. Quando vamos viajar para ministrar, são eles que colocam, nas malas, os livros que levaremos para os eventos, e o fazem desde que era bem pequenos. Afinal, idade não é impedimento para servir ao Senhor; quanto antes começarem, melhor.

Seguindo em Atos, o texto menciona Felipe (v. 8), que era um grande evangelista, cuidando de sua casa como deveria. Ele não apenas era usado pelo Espírito Santo, como ele treinava e envolvia suas filhas de maneira prática (v. 9) para que elas também seguissem seu exemplo e servissem ao Senhor: "Partindo no dia seguinte, chegamos a Cesareia e ficamos na casa de Filipe, o evangelista, um dos sete. Ele tinha quatro filhas virgens, que profetizavam" (Atos 21: 8,9).

O exemplo de Filipe nos mostra que devemos ser ativadores de dons dos nossos filhos, despertar neles o desejo ardente de servir. Eles não precisam ter os mesmos dons que nós, mas podem oferecer o que há de melhor neles para a obra de Deus.

CONSAGRANDO NOSSOS FILHOS PARA A GLÓRIA DE DEUS

Alguns versículos da Bíblia nos emocionam de forma muito particular. Um pelo qual somos apaixonados é Malaquias 4:6, quando a Palavra do Senhor diz: *"Que os corações dos pais se voltem para seus filhos e dos filhos para seus pais"*. Isso está no último versículo do último livro do Antigo Testamento e, claro, tem algo de muito importante nessa mensagem.

Note que, geralmente, a última coisa que alguém diz é a mais importante, é a que fica na mente dos ouvintes/leitores. Peguemos o exemplo de Jesus. Ele deixou inúmeros ensinamentos para nós, mas quando estava voltando para junto do Pai, Ele nos deixou o mais importante em sua última mensagem — a grande comissão: "Ide e fazei discípulos"(Mateus 28:19). Cremos que, por esse motivo, e não por outro, é que, quando Deus termina o Antigo Testamento, reforçando que os pais precisam voltar seu coração para os filhos e os filhos aos pais, Ele demonstra o quanto precisamos viver a plenitude pela qual essa relação foi criada.

A relação de amor que Jesus tem com o Pai e Deus-Pai tem com Jesus, seu Filho, é a relação que nós e nossos filhos precisamos ter com Deus, o Pai. É por isso que precisamos consagrar nossos filhos a Deus. Precisamos usar a nossa boca para abençoar nossos filhos.

Você deve lembrar que na geração passada era comum os filhos pedirem a bênção aos pais, avós e tios, mas isso foi se perdendo, e, hoje em dia, muitas vezes, o que vemos é que os pais, que deveriam abençoar seus filhos e consagrá-los a Deus, muitas vezes, usam a boca para os amaldiçoar, destinando seus filhos ao inferno, em lugar de os promover ao céu.

O povo judeu tem muitas tradições que nos empolgam. Uma delas é a conhecida bênção araônica, mencionada em Números 6:24-27. O texto diz: "O Senhor te abençoe e te guarde; o Senhor faça resplandecer o seu rosto sobre ti e te conceda graça; o Senhor volte para ti o seu rosto e te dê paz. Assim eles invocarão o meu nome sobre os israelitas, e eu os abençoarei".

Essa é uma bênção que todo pai deveria profetizar diariamente sobre a vida de seus filhos, como uma declaração do que queremos entregar para nossa próxima geração. É um hábito que recomendamos. Recorte esse versículo e cole-o em algum lugar que seja fácil de visualizar e repita-o até que ele faça parte da sua vida e você passe a usá-lo para abençoar seus filhos todos os dias.

Em vez de dar ouvidos às mentiras do inimigo, dizendo que seu filho não vai dar para nada, que não tem jeito, que o mundo está perdido, você repetirá a verdade de Deus e cobrirá seus filhos com palavras proféticas do nosso Pai. A Bíblia traz promessas relacionadas à obediência dos pais em seguirem o que o Senhor determinou, e promete que essas bênçãos alcançarão não só a nós, mas também aos nossos filhos. (Deuteronômio 28:1-4).

Por isso, seja um pai ou mãe obediente à Palavra do Senhor e siga os mandamentos nela mencionados. Use sua autoridade como pai e mãe e abençoe seus filhos, coloque suas mãos sobre eles, faça com que eles sintam o toque da transferência da unção.

O caso de Jacó e Esaú, relatado em Gênesis 27, deixa claro o quanto a bênção de um pai era importante para o povo daquela época. E por que não a temos valorizado mais nos dias atuais? A autoridade dada por Deus aos pais precisa ser resgatada. Precisamos usá-la para abençoar o destino profético de nossos filhos, para marcarmos nossa descendência até mil gerações.

Compromisso de mudança

E aí, que diferença Deus tem feito na sua família? Depois da análise deste capítulo, quais coisas novas precisam acontecer para Deus se fazer ainda mais presente em seu lar? Que novo compromisso você assume como destino profético da sua casa?

EXEMPLO: Eu me comprometo a ler mais a Bíblia e dividir com meus filhos tudo o que aprendo com ela.

1. Eu me comprometo a _____
_____

2. Eu me comprometo a _____
_____

3. Eu me comprometo a _____
_____

4. Eu me comprometo a _____
   _____.

5. Eu me comprometo a _____
   _____.

Dica de filme

CORAJOSOS

É aquele típico filme de policial americano, só que com um enredo totalmente voltado para a família. Mostra homens que estão muito bem profissionalmente, mas que em casa estão falhando com seu papel de pais. Eles passam por um choque quando precisam tomar uma decisão que mudará a vida de todos e suas respectivas descendências. Como eles, você que está lendo este livro precisará tomar decisões para mudar não apenas sua vida, mas também as gerações depois de você. Prepare-se para chorar e, claro, aprender muito.

Conclusão:

Um novo destino

Quando abençoamos nossos filhos os estamos autorizando a prosperarem, a seguirem o destino profético para o qual eles foram destinados. Todos nós deveríamos liberar a bênção sobre nossos filhos, netos, bisnetos... deveria ser algo comum para nós, em palavras ou em atos que colaborem para que eles tenham realmente uma vida abençoada.

Deus chamou Abrão para ser uma benção (veja Gênesis 12:1) e, depois, disse que abençoaria não só a Abrão, mas a toda a descendência dele. A bênção de Deus é nossa herança como filhos de Abrão (Gálatas 3:29), e você chama essa bênção à existência e crê que se cumprirá. Não por direito, nem por lutas, mas pela graça que Jesus lhe concedeu ao morrer por você.

A questão é que, muitas vezes, não acreditamos nessa promessa e vivemos como se tudo dissesse respeito unicamente a nós e à nossa vida, neste tempo curto, ou pensando apenas em ir para eternidade, mas sem qualquer compromisso com a missão mais importante que temos como pais: deixar um legado abençoado para as próximas gerações.

Saiba: *você não é o fim da história, você é só um capítulo dela. Seus filhos darão continuidade a essa jornada, que pode ser de bênção ou de maldição.*

DARRELL

Nasci em uma família disfuncional, com muito amor, sim, mas sem os conceitos cristãos com os quais vivo hoje. Em minha ascendência, até onde pesquisei, houve inúmeros casos de adultério, divórcio, relacionamento com ocultismo e uma série de coisas fora do padrão bíblico.

Quando conheci a Cristo, aos 35 anos, já com três filhos, decidi que eu não era o que meus ancestrais tinham depositado na minha vida, que eu seria um vaso novo, uma nova criatura, e que naquele momento começava uma nova história.

Entendi que o passado, antes de conhecer a Cristo, já não importa e que, quando temos um encontro verdadeiro com Ele, todo passado longe dele é jogado no mar do esquecimento, e em Deus, podemos nascer de novo. E foi o que aconteceu comigo: eu nasci de novo.

Com isso, determinei que, na minha descendência, nada daquilo aconteceria mais; decidi que meus filhos, netos, bisnetos, tataranetos etc. seriam todos filhos amados de Deus, seguindo seu propósito aqui na Terra; que eles seriam prósperos em tudo que fizessem, que seriam abençoados e viveriam o melhor do Senhor (Jeremias 29:11).

Oro pelos netos e bisnetos dos meus filhos, eu dou destino a eles em minha oração (Salmos 22:30). Alguns eu não conhecerei, mas eles contarão a minha história, assim como hoje contamos a de Abraão. Creio que, da mesma forma, seus descendentes também contarão a sua história, a partir do que você construirá ao terminar esse livro.

Entendemos que você não veio a este mundo para viver e morrer, e sim para deixar um legado de bênção, marcado por um relacionamento íntimo e profundo com Deus que marcará gerações. Cremos que você está neste mundo para assumir o compromisso e dar vantagem à próxima geração, que viverá muito melhor, graças às sementes que você está plantando agora.

> *Cremos que você está neste mundo para assumir o compromisso e dar vantagem à próxima geração.*

Você já deve ter ouvido que "A vida é curta, melhor aproveitá-la". Em geral, as pessoas vivem com base em afirmações como essa, quando, na verdade, deveriam viver pensando "A eternidade é longa e precisamos nos preparar".

Entender o que precisamos deixar como legado nesta vida e construí-lo sobre bases firmes é a nossa grande missão como pais.

ATÉ MIL GERAÇÕES

Deus é um Deus geracional. Ele quer que as bênçãos se derramem sobre as gerações. Nossas atitudes hoje construirão as próximas gerações, nosso compromisso a partir do que aprendemos com a leitura desse livro nos ajudará a deixarmos um legado que honrará os céus.

A Bíblia diz: "Saibam, portanto, que o Senhor, o seu Deus, é Deus; ele é o Deus fiel, que mantém a aliança e a bondade por mil gerações daqueles que o amam e guardam os seus mandamentos" (Deuteronômio 7:9). Em Isaías, O Senhor declara: "Porque derramarei água sobre o sedento, e rios sobre a terra seca; derramarei o meu Espírito sobre a tua posteridade, e a minha bênção sobre os teus descendentes...".

Diversas vezes, Deus demonstra seu projeto de abençoar as famílias (Êxodo 20:6; Deuteronômio 28:4; 1Crônicas 16:15; Isaías 44:3-4) e o quanto Ele é fiel em manter sua aliança e cumprir suas promessas. Precisamos nos empoderar dessa missão, para que, mais fortalecidos, façamos a diferença no mundo.

O Senhor é aquele que mantém sua fidelidade para sempre (Salmos 146:6). Ele quer que a sua descendência seja poderosa na terra (Salmos 112:2) e isso irá acontecer com seus filhos se você obedecer a Deus e guiá-los **no caminho**.

O SEU ERRO PODE SER FATAL

Uma das histórias mais tristes relatadas na Bíblia está registrada no segundo livro dos Reis (Veja também 2Crônicas 32:24ss). O texto conta a história do rei Ezequias, um homem temente a Deus, que alcançou muito sucesso na vida, mas falhou na missão mais importante que tinha, e seu erro prejudicou gerações.

A Bíblia conta que:

> Naquele tempo Ezequias ficou doente, e quase morreu. O profeta Isaías, filho de Amoz, foi visitá-lo e lhe disse: 'Assim diz o Senhor: ponha em ordem a sua casa, pois você vai morrer; não se recuperará'. Ezequias virou o rosto para a parede e orou ao Senhor: 'Lembra-te, Senhor, como tenho te servido com fidelidade e com devoção sincera. Tenho feito o que tu aprovas'. E Ezequias chorou amargamente. Antes de Isaías deixar o pátio intermediário, a palavra do Senhor veio a ele: 'Volte e diga a Ezequias, líder do meu povo: Assim diz o Senhor, Deus de Davi, seu predecessor: ouvi sua oração e vi suas lágrimas; eu o curarei. Daqui a três dias você subirá ao templo do Senhor. Acrescentarei quinze anos à sua vida. E livrarei você e esta cidade das mãos do rei da Assíria. Defenderei esta cidade por causa de mim mesmo e do meu servo Davi'. Então disse Isaías: 'Preparem um emplastro de figos'. Eles o fizeram e o aplicaram na úlcera; e ele se recuperou. Ezequias havia perguntado a Isaías: 'Qual será o sinal de que o Senhor me curará e de que de hoje a três dias subirei ao templo do Senhor?' Isaías respondeu: 'O sinal de que o Senhor vai cumprir o que prometeu é este: Você prefere que a sombra avance ou recue dez degraus na escadaria?' Disse Ezequias: 'Como é fácil a sombra avançar dez degraus, prefiro que ela recue dez degraus'. Então o profeta Isaías clamou ao Senhor, e este fez a sombra recuar os dez degraus que havia descido na escadaria de Acaz (2Reis 20:1-11).

Essa porção da Escritura Sagrada ensina-nos que Ezequias era, sim, um homem temente ao Senhor. Sabemos que ele agia de forma que agradava a Deus. Ele destruiu os lugares pagãos de adoração, quebrou as colunas do deus Baal e derrubou os postes da deusa Aserá. Ele confiou no Senhor. Deus o amava tanto, que mesmo após o profeta Isaías anunciar sua morte, ele ora e Deus o atende, curando-o e acrescentando-lhe mais quinze anos de vida.

A grande questão foi que Deus havia deixado uma determinação clara para o rei Ezequias: pôr em ordem sua casa (2Reis 20:1b). Ezequias agradeceu pelos quinze anos a mais de vida, mas esqueceu de colocar sua casa em ordem.

Por não ter cuidado bem da sua casa, Ezequias deixou para o suceder o seu filho Manassés, que se tornou um dos reis mais cruéis na história da Bíblia.

Deus concedeu mais tempo de vida a Ezequias, anos que ele deveria ter feito o que Deus lhe ordenara: cuidar de sua casa. Entretanto, ele não o fez, negligenciando a própria família. Não treinou, não discipulou nem orientou seus filhos e, por isso, Manassés derramou muito sangue inocente, e o seu filho Amom, neto de Ezequias, seguiu o mesmo caminho. Para você ver o peso de uma criação ruim, de um legado errado.

A história de Manassés é tão triste, que o profeta Jeremias coloca a culpa toda nele, por tudo que viria a acontecer de ruim. Ele diz: "Farei com que todos os povos do mundo olhem para eles com horror por causa daquilo que Manassés, filho de Ezequias, fez em Jerusalém quando era rei de Judá" (Jeremias 15:4).

O que Deus está falando é que todo juízo, tudo de ruim que estava a caminho, seria por causa de um homem: Manassés, filho de Ezequias.

E você, quais notícias quer ouvir de seu filho?

ENTENDA QUE DEUS ABENÇOA TODAS AS GERAÇÕES

As igrejas estão cheias de pessoas que são ótimos servos na igreja e péssimos líderes em casa. Pessoas que são uma bênção no culto, mas vivem um desajuste familiar, um desastre em seu legado.

Você deve conhecer alguém que resolveu priorizar o trabalho, a carreira e o sucesso profissional, mas esqueceu dos filhos e descuidou do casamento. Essa pessoa não entendeu sua missão, e desviou de seu alvo, tirou o foco do que realmente é mais importante. Fomos ordenados por Jesus a fazer discípulos, então, que nossos primeiros discípulos sejam os da nossa casa; afinal, a família é nosso primeiro e mais importante ministério.

Veja o que a Bíblia diz em 2Crônicas 32:25: *"Mas não correspondeu Ezequias aos benefícios que lhes foram feitos; pois o seu coração se exaltou"*.

Receber um milagre não é apenas um privilégio, mas é também uma responsabilidade, e Ezequias não correspondeu aos benefícios que o Senhor lhe fez. Quando Deus pediu a Ezequias que colocasse ordem em sua casa, não estava apenas pensando no reino, mas pensando na geração seguinte, no legado que ele estava construindo a partir de sua casa e que deixaria para a próxima geração.

O que Deus está pedindo a você hoje é que cuide da sua casa. Isso não se refere à reformar a estrutura física do lugar onde você vive com sua família, mas a fincar suas estacas/colunas na Rocha inabalável que é Cristo e a partir disso construir um legado digno de ser seguido, um legado que impactará seus filhos e os preparará para construírem seu próprio legado e abençoar por meio dele até mil gerações. Note que nossos filhos carregarão nosso legado, compartilhando-o com seus filhos e netos, mas também, enquanto isso, estarão construindo a partir do nosso o seu próprio legado. Não com bases e princípios divergentes, mas mantendo os mesmos alicerces, firmados na mesma Rocha, mas que poderão ter aparência diferente, assim como uma casa bem alicerçada não precisa necessariamente ter a mesma aparência; basta apenas manter o mesmo fundamento, afinal, contamos com a multiforme sabedoria de Deus.

Assim, cada geração atuará com características próprias, em ministérios diversos, mas manterá sempre os fundamentos, e os fundamentos de um legado abençoador são Cristo e sua Palavra.

TUDO COMEÇA EM CASA E, ENTÃO, TRANSBORDA PARA FORA

Já dissemos aqui que ninguém pode dar o que não tem. Assim, você só poderá transbordar em família aquilo de que sua casa está cheia. Precisamos envolver nossos filhos de tal maneira que eles se sintam parte de um chamado, não de uma concorrência. Muita gente está perdendo os filhos porque passam para eles a ideia de igreja como algo chato, que afasta a família em vez de aproximá-la.

DARRELL

O apóstolo Melvin Huber, pai do nosso amado pastor Abe Huber, imortalizou uma frase que serve para mim e para você: "Não quero ser como Davi nem como Noé: Davi ganhou o mundo, mas perdeu sua família; Noé ganhou sua família, mas perdeu o mundo". Isso me inspira em meu desejo mais intenso que é poder ganhar o mundo com a minha família. Essa é minha oração, esse é meu foco e objetivo de vida. Acredito que a declaração de Josué valha para a mim e minha família. Ele disse: "Eu e a minha família serviremos ao Senhor" (24:15; NVT).

A missão é você e sua casa. O projeto de Deus é você e sua casa servindo ao Senhor. Não importa ter filhos brilhantes, precisamos de filhos salvos.

Precisamos olhar para nossa família como um time em que todos são indispensáveis para poder alcançar nossos objetivos. Algumas vezes um está mais fraco, em outros dias está até machucado, mas não podemos deixar de estar unidos, pois nosso objetivo é grandioso.

Não importa ter filhos brilhantes, precisamos de filhos salvos.

Muitos pais ficam preocupados com uma carreira profissional, mas como fica o depósito espiritual na vida dos filhos?

MÁRCIA

Eu quero deixar um legado e quero terminar bem. Mas não quero ir sozinha. Quero minha família comigo. Quero uma geração abençoada e que faça diferença no mundo. Este é o legado que eu vou deixar, e este é também o legado que você vai querer deixar: uma família de adoradores servindo ao Senhor com alegria.

TUDO DE DEUS É EM FAMÍLIA

Em Joel 2:28 a Bíblia declara: "E acontecerá, depois, que derramarei o meu Espírito sobre toda a carne; vossos filhos e vossas filhas profetizarão, vossos velhos sonharão, e vossos jovens terão visões".

Nesse trecho bíblico Deus inclui toda a família, todos da sua casa servindo, sendo útil, sendo uma bênção, e assim o seu lar será uma casa de adoradores. Temos de ter essa visão e viver sob essa perspectiva de vida, foi isso que Deus preparou e sonhou para nós.

Se você não acreditava nisso antes de ler este livro, saiba que era o inimigo querendo roubar de você seu bem maior. Não permita! Coloque em prática tudo o que aprendeu e com o que se comprometeu ao longo deste livro.

O que tem queimado em nosso coração é saber que Deus pensa em termos de família. Deus disse a Abraão que o abençoaria e também a toda sua família; Abraão, mas também a descendência dele. A promessa é de que em Abraão, o Senhor faria benditas todas as famílias da terra!

Nós não precisamos incorrer no erro cometido pelo rei Ezequias, podemos seguir o exemplo de Abraão e obedecer a tudo o que Deus requer de nós, e assim deixarmos um legado digno, que abençoe até mil gerações!

E SE PENSAR EM DESISTIR, RECOMECE

Sem dúvida o maior exemplo de legado vem da vida de Abraão. Ele é o pai de multidões, que também é conhecido como o pai da fé. Sabemos o quanto somos e seremos desafiados durante a jornada de criar filhos conforme os propósitos de Deus e para sua glória. Ter fé e permanecer firme no propósito serão fundamentais para chegarmos bem na reta final.

A Bíblia ensina que "[...] a fé é a certeza daquilo que esperamos e a prova das coisas que não vemos" (Hebreus 11:1). Então, mesmo que você a essa altura ainda esteja vivendo desafios em sua família (um casamento à beira do divórcio, filhos afastados do caminho do Senhor e avessos à igreja ou qualquer outro desafio) que tenham minado sua esperança e enfraquecido sua fé, saiba que Deus é especialista em causas impossíveis. Você só precisa confiar nele.

Sim, você precisar crer! Deixe de focar no problema e acredite que a promessa feita a Abraão vale também para você, e a receba neste momento para si e sua descendência. Pare de se comprometer com suas desculpas e se comprometa com seu destino.

A Bíblia nos ensina a trazermos à existência coisas que ainda não existem, como se já existissem (Romanos 4:17). Então, comece a visualizar a sua família abençoada e abençoadora.

> *Deus é especialista em causas impossíveis.*
> *Você só precisa confiar nele.*

Entretanto, em algum momento você pode dizer "Para mim, é muito difícil ter esse tipo de fé. Não sei como caminhar, estou machucada(o), sem forças para lutar pela minha família". Permita-nos encerrar com uma ilustração sobre quem somos nós e quem Deus é nessa jornada em prol de deixarmos um legado que abençoe até mil gerações.

Sabe o ato de aprender a caminhar? A criança sai da fase de engatinhar para a próxima, que é o caminhar, certo? Nos primeiros meses, não é possível alguém ensinar à criança as técnicas para ela andar. Os pais não chegam para ela e dizem *"Levante a perna, 45 graus, primeiro a direita, depois a esquerda; fique reto..."* Normalmente, não se tem um manual que a criança deva ler *(até porque ela não saber ler ainda)*, nem vídeos do YouTube aos quais ela deva assistir para aprender as técnicas para o bom andar.

O processo é diferente. O pai mostra à criança aonde ela tem de chegar, qual é o objetivo. O pai dá a visão. A criança não precisa saber como chegar lá. Ela vai levantando e o pai vai dizendo *"Vem filho(a)"*. Nesta hora a criança pode até cair, mas o pai sempre estará lá, ao lado, ajudando-a a se levantar.

E sabe como é conosco, nesse chamado que Deus nos deu para deixarmos um legado para a próxima geração? Na visão que Ele dá hoje a você e sua descendência? Da mesma forma! Nem sabemos como, mas queremos. E não precisamos mesmo saber tudo que acontecerá. O que precisamos saber é que Ele nos chamou, dizendo *"Vem filha(o)!"*. E que Ele está de braços abertos, pronto para *nos sustentar, apoiar e nos levantar novamente quando cairmos.*

Conseguiremos levantar e andar, e chegaremos ao destino!

Você não está só nessa jornada. Ela começa hoje, mas seu Pai está de braços estendidos para lhe ajudar a construir uma linda história, que seus filhos, netos, bisnetos e descendentes até mil gerações comentarão.

Lembre sempre:

- Você não gerou filhos para a morte.
- Você não gerou filhos para povoar o inferno.
- Você não gerou filhos para serem escravos do pecado, nem para serem servos do Diabo.
- Não desista dos seus filhos.
- Não abra mão deles.
- Chore por eles.
- Ore por eles.
- Jejue por eles.

- Não descanse até vê-los salvos.
- Nenhum sucesso compensa o fracasso familiar. Seus filhos, e não o dinheiro, são a herança de Deus para sua vida.
- Lute pela salvação da sua casa, com todas as suas forças. Seja o melhor marido da sua esposa, a esposa sábia que edifica o seu lar.
- Seja o confidente do seu filho.
- Faça deles seus discípulos.
- Ensine-os pelo exemplo.
- Ame a Deus acima de qualquer coisa.

Que Jesus possa abençoar ricamente a sua família, e que você construa um legado que abençoe até mil gerações!

Márcia & Darrell

Ato profético

*Os filhos são herança do Senhor, uma recompensa
que ele dá. Como flechas nas mãos do guerreiro
são os filhos nascidos na juventude.*

SALMOS 127:3,4

Deus coloca os filhos como herança do Senhor e nos ensina uma analogia usando a figura das flechas. Diferentemente das armas de luta, como a espada ou a lança, que eram usadas para ataques próximos, a flecha era usada para atingir alvos mais distantes, para ir além.

Os filhos também devem ser lançados, enviados, mas nunca ao léu, nunca sem um destino. Toda flecha deve mirar em um alvo, e seu filho deve ser lançado, para o destino profético dele. Nossa responsabilidade é dar destino aos nossos filhos, direcioná-los ao seu propósito.

Queremos desafiar você a assumir um compromisso, em um ato profético, em ser o lançador, seja de um filho biológico, que Deus lhe deu, seja de um filho espiritual, que ele ainda irá lhe dar.

Agora você está sendo convidado a fazer na sua casa esse ato. Reuna sua família em uma celebração e, na presença de todos, leia em voz alta e assine a "Carta de compromisso" a seguir. Registre esse momento em uma foto e marque nosso @marciaedarrell. Queremos ser testemunhas desse agir de Deus em sua casa.

Carta de compromisso

EU ME COMPROMETO

1. Enquanto eu viver, serei um seguidor de Jesus, e Ele será o senhor da minha casa.
2. Assumo, diante de Deus e da sociedade, total responsabilidade pelos meus filhos e por minha esposa/marido, a quem serei fiel e dedicarei honra e respeito.
3. Vou amá-los e protegê-los, servi-los e ensinar a eles a Palavra de Deus e o caminho do Senhor.
4. Assumo o compromisso de orar por eles.
5. Aprenderei com os meus erros e, quando eu errar, me arrependerei e, da próxima vez, farei diferente.
6. A partir de hoje, na autoridade de Deus, eu profetizo algo novo sobre a minha descendência: haverá amor, paz e harmonia, e meus filhos serão flechas que irão muito mais longe do que eu fui.
7. Nesse momento, envio meus filhos para um lugar profético em que eu ainda não cheguei, mas que eles chegarão. Um lugar que Deus escolheu para eles viverem planos de paz, prosperidade e um bom futuro.

Sempre que cometer algum erro durante a jornada, assumo o compromisso de me arrepender e começar de novo, sempre na dependência de Deus e na certeza de que o melhor ainda está por vir. Eu abençoo toda a minha descendência até mil gerações.

------------------------------   -------------------------

Referências

1. Disponível em: https://super.abril.com.br/ciencia/leve-me-ao-seu-lider/. Acesso em: 19 nov. 2022.
2. Disponível em: https://www.progresso.com.br/policia/ausencia-do-pai-levou-92-dos-jovens-presos-ao-mundo-do-crime-diz/368417/. Acesso em: 29 nov. 2022.
3. MARINHO, Márcia; MARINHO Darrell. *Quando a família corre perigo*. São Paulo: Hagnos, 2019, p. 26.
4. WARREN, Rick. Uma vida com proposito. São Paulo: Vida, 2003, p. 61.
5. LEGADO. In: MICHAELIS On-line. S. l.: Melhoramentos, 2023. Disponível em: https://michaelis.uol.com.br/moderno-portugues/busca/portugues-brasileiro/legado/. Acesso em: 23 jan. 2023.
6. NOLT, Dorothy Law; HARRIS, Rachael. *Children learn what they live*. New York: Workman Publishing, 1998.
7. Uma carta de amor - Publicada em 1927, por W. Livingston Larned.
8. "The Favorite Child", Ellen Liby. Disponível em: https://istoe.com.br/164482_EXISTE+FILHO+FAVORITO+/. Acesso em: 01jun2018.
9. Disponível em: https://istoe.com.br/164482_EXISTE+FILHO+FAVORITO+/. Acesso em: 1 jun. 2018..
10. GONÇALVES, Josué, *Construindo o céu em casa*. Rio de Janeiro: Thomas Nelson Brasil, 2013, p. 52.
11. COVEY, Stephen R. *Os 7 hábitos das pessoas altamente eficazes*. São Paulo: Editora Best Seller, 2003, p. 219.
12. Disponível em: https://segredosdomundo.r7.com/experimento-mostra-que-palavras-negativas-e-positivas-podem-alterar-materia/. Acesso em: 6 jun. 2018.
13. Disponível em: https://pt.wikipedia.org/wiki/%C3%81gua_corporal. Acesso em: 6 jun. 2018.
14. Disponível em: http://www.hypeness.com.br/2014/01/cientista-faz-experimentos-com-agua-pra-provar-que-o-pensamento-influencia-a-nossa-vida/. Acesso em: 6 jun. 2018.

15 MARINHO, Márcia; MARINHO, Darrell. *Os 6 segredos da comunicação no casamento*. Propositum, 2018.
16 LEMAN, Kevin. *12 Lições para ser o pai ideal*. 1 ed. São Paulo: Planeta, 2015, p. 139.
17 TIBA, Içami. *Quem ama, educa.* São Paulo: Gente, 2002, p. 83.
18 Disponível em: https://www.eusemfronteiras.com.br/nosso-corpo--fala-mais-do-que-as-palavras/. Acesso em: 2 dez. 2022.
19 MARQUES NETO, Raul. A linguagem corporal do professor no processo de ensino-aprendizagem. Disponível em: https://ri.ufs.br/bitstream/riufs/10340/30/29.pdf. Acesso em: 24 fev. 2023.
20 DUARTE, Lisiane. *O que são crenças limitantes e como superar com a Psicologia*. Disponível em: https://psicoter.com.br/crencas-limitantes/. Acesso em: 10 fev. 2023.
21 Campbell, Ross. *Como realmente amar seu filho*. São Paulo, Mundo Cristão, 2005.
22 HENDRICKS, Howard G. *Ajuda do céu para o seu lar*. Rio de Janeiro: Habacuc, 2008, p. 100.
23 TIBA, Içami. *Quem ama, educa* (adaptado). São Paulo: Gente, 2002, p. 128.
24 DISCIPLINA. In: Priberam dicionário. Lisboa: Priberam Informática, 2022. Disponível em: https://dicionario.priberam.org/disciplina. Acesso em: 2 ago. 2022.
25 LEMAN, Kevin. *12 Lições para ser o pai ideal*. São Paulo: Planeta, 2015, p. 66.
26 Disponível em: A diferença entre o remédio e o veneno... Paracelso – Médico e... – Pensador. Acesso em: 24 fev. 2023.
27 LEMAN, Kevin. *12 Lições para ser o pai ideal*. São Paulo: Planeta, 2015, p. 213.
28 _____. p. 36.
29 FRAIMAN, Leo. *A síndrome do imperador: pais empoderados educam melhor*. Belo Horizonte: Grupo Autêntica – FTD, 2019.
30 Disponível em: https://radioesmeralda.com.br/mensagens/palestra--ministrada-pelo-medico-psiquiatra-dr-icami-tiba-em-curitiba/. Acesso em: 9 ago. 2022.
31 Disponível em: https://www.gazetadopovo.com.br/viver-bem/comportamento/

descubra-se-seu-filho-tem-a-sindrome-do-imperador/. Acesso em: 8 ago. 2022.
32 TIBA, Içami. *Quem ama, educa*. São Paulo: Gente, 2002, p. 38.
33 Apud LEMAN, Kevin. *12 Lições para ser o pai ideal*. São Paulo: Planeta, 2015, p. 144.
34 GONÇALVES, Josué. *Construindo o céu em casa*. Rio de Janeiro: Thomas Nelson Brasil, 2013, p. 66.
35 Entrevista ao portal DELAS (IG). Disponível em: http://delas.ig.com.br/filhos/educacao/nos-educamos-os-filhos-para-que-eles-usem-drogas/n1597078796088.html. Acesso em: 11 ago. 2017.
36 LOPES, Hernandes Dias. *Pai, um homem de valor*. São Paulo: Hagnos, 2008, p. 10.
37 SUBIRÁ, Luciano; SUBIRÁ, Kelly. *Como flechas*. São Paulo: Vida, 2021, p. 159.
38 Disponível em: https://jornal140.com/2019/08/05/somos-a-media-das-pessoas-com-quem-mais-convivemos/. Acesso em: 19 nov. 2022.
39 SILK, Danny. *Ame seus filhos intencionalmente*. Brasília: Chara, 2020, p. 160.
40 GONÇALVES, Josué. *Construindo o céu em casa*, Rio de Janeiro: Thomas Nelson Brasil, p. 131.
41 TIBA, Içami. *Adolescência: o despertar do sexo*. 17. ed. São Paulo: Gente, 1994, p. 140.
42 MARINHO, Márcia; MARINHO, Darrell. *Quando a família corre perigo*. São Paulo: Hagnos, 2019.
43 LEMAN, Kevin. *12 Lições para ser o pai ideal*. São Paulo: Planeta, 2015, p. 104.
44 Disponível em: https://exame.com/pop/saga-harry-potter-primeiro-livre-da-franquia-completa-25-anos-veja-mais/. Acesso em: 20 nov. 2022.
45 Parque Vassoura Quebrada, localizado na cidade de São Paulo.
46 TZU, Sun. *A arte da guerra*. São Paulo: Martins Fontes, 2012.
47 LEMAN, Kevin. *12 Lições para ser o pai ideal*. São Paulo: Planeta, 2015, p. 104.
48 Disponível em: https://psicologado.com/psicologia-geral/desenvolvimento-humano/vicios-os-adolescentes-frente-as-drogas-licitas-e-ilicitas. Acesso em: 4 set. 2017.

49 Disponível em: http://veja.abril.com.br/saude/alcool-na-adolescencia-afeta-sim-o-desenvolvimento-cerebral/#. Acesso em: 4 set. 2017.

50 Disponível em: https://www.uol.com.br/vivabem /noticias/redacao/2021/09/10/ levantamento-indica-alta-no-numero-de-suicidios-entre-jovens-no-brasil.htm. Acesso em: 23 jun. 2022.

51 Disponível em: https://brasil.elpais.com/brasil/2019/08 /29/ciencia/1567101473 _864944.html. Acesso em: 20 nov. 2022.

52 Disponível em: https://observatorio3setor.org.br/noticias/brasil-2o-lugar-ranking-mundial-exploracao-sexual-criancas/. Acesso em: 23 jun. 2022.

53 Disponível em: https://g1.globo.com/profissao-reporter/noticia/ 2022/09/21/ violencia-sexual-contra-criancas-e-adolescentes-84percent-das-vitimas-sao-mulheres-e-71percent-dos-casos-ocorrem-dentro-de-casa.ghtml. Acesso em: 20 nov. 2022.

54 Disponível em: IBDFAM: Ausência do pai levou 92% dos jovens presos ao mundo do crime, diz delegado. Acesso em: 27 fev. 2023.

55 Disponível em: https://www.fatherhood.org/fatherhood-data-statistics. Acesso: 21 novembro. 2022.

56 Disponível em: (20+) Facebook. Apud *Fúria e Tradição*. Acesso em: 27 fev. 2023.

57 Disponível em: https://www.papodemae.com.br/noticias/nos-educamos-os-filhos-para-que-eles-usem-drogas.html. Acesso em: 22 nov. 2022.

58 SILK, Danny. *Ame seus filhos intencionalmente*. Brasília: Chara, 2020, p. 61.

59 GONÇALVES, Josué. *Construindo um céu em seu lar*. Rio de Janeiro: Thomas Nelson Brasil, p. 136.

60 JOHNSON, Bill, Apud *Ame seus filhos incondicionalmente*. Brasília: Chara, 2020, p. 22.

61 JOHNSON, Bill. *O poder para transformar o mundo*. Brasília: Chara, 2015, p. 54.

62 _____, p. 166.

Sobre os autores

Márcia & Darrell são casados desde 1995, começaram a namorar em 1992, e desde então estão juntos e para sempre. Eles tem três filhos lindos: Emilly (casada com Pedro), Darrell Filho e Dyllan.

Márcia Marinho é graduada em Psicologia pela Unicap-PE, e pós-graduada em Psicologia Clínica também pela Unicap-PE, é teóloga pelo Seminário Angilcano de Teologia.

Darrell Marinho é graduado em Marketing pela Faculdade Boa Viagem e pós-graduado em Psicologia Positiva pela Unileya.

Ambos congregam na Paróquia Anglicana do Espírito Santo na cidade de Jaboatão dos Guararapes — PE, onde começaram seu servirço com casais e famílias.

Márcia e Darrell são conferencistas com atuação em todo o Brasil e fora dele, tendo como ministério o chamado itinerante com foco em abençoar o reino de Deus e equipar as igrejas do Senhor. Atualmente mentoreiam vários lideres de ministérios de casais e famílias, apoiando na edificação e melhoria dos ministérios da igreja local, além de participarem como palestrantes em vários eventos. Eles escreveram 7 livros publicados, a maioria pela Editora Hagnos, e tem em seu canal do YouTube, a TvA2 – A Tv do Amor, mais de 650 aulas gravadas de forma gratuita que tem abençoado milhões de pessoas por meio dessa ferramenta.

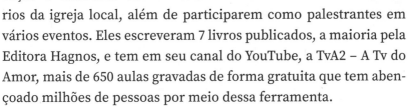

Para se conectar com eles e conhecer um pouco mais desse ministério você pode acessar o site www.marciaedarrell.com.br ou mesmo se conectar com eles no instagram via @marciaedarrell. Você também pode acessar o acervo dos vídeos gratuitos da TvA2 no www.youtube.com/momentoA2

Sua opinião é importante para nós.
Por gentileza, envie-nos seus comentários pelo e-mail:

editorial@hagnos.com.br

Visite nosso site:

www.hagnos.com.br